给奇思妙想一个科学的答案
神奇的问题
第一辑

科学大"真"探

Traffic

交通

杨现军/主编　苏　南/绘

黑龙江科学技术出版社
HEILONGJIANG SCIENCE AND TECHNOLOGY PRESS

SHENQIDEWENTI

图书在版编目（CIP）数据

科学大"真"探.1,交通 / 马万霞主编；杨现军分册主编；苏南绘. -- 哈尔滨：黑龙江科学技术出版社,2019.1
（神奇的问题：给奇思妙想一个科学的答案.第一辑）
ISBN 978-7-5388-9867-5

Ⅰ.①科… Ⅱ.①马… ②杨… ③苏… Ⅲ.①科学知识－儿童读物②交通－儿童读物 Ⅳ.① Z228.1 ② U-49

中国版本图书馆 CIP 数据核字 (2018) 第 221405 号

科学大"真"探·交通
KEXUE DA "ZHEN" TAN · JIAOTONG
杨现军 主编　苏　南 绘

项目总监　薛方闻
策划编辑　孙　勃
责任编辑　孙　勃　回　博
封面设计　青　雨
出　　版　黑龙江科学技术出版社
　　　　　地址：哈尔滨市南岗区公安街 70-2 号　邮编：150007
　　　　　电话：（0451）53642106 传真：（0451）53642143
　　　　　网址：www.lkcbs.cn
发　　行　全国新华书店
印　　刷　天津盛辉印刷有限公司
开　　本　787 mm × 1092 mm　1/16
印　　张　4
字　　数　50 千字
版　　次　2019 年 1 月第 1 版
印　　次　2019 年 1 月第 1 次印刷
书　　号　ISBN 978-7-5388-9867-5
定　　价　128.00 元（全四册）

Contents 目录

轮子是什么人发明的？

如果没有轮子，世界会是什么样的呢？不可思议。试想，在轮子发明以前，古人要想挪动很重很重的东西，只能抬、拉等，或者用杠杆一点点移动。直到今天，没有人确切地知道是谁发明了轮子，至少应该是一个很聪明的人。在这之后，有了轮子，就可以滚动，可以十分方便地移动大型物体。这就像滚圆球的道理一样。古埃及人就是这样把巨大的石料堆砌成金字塔的。轮子应该是人类文明史上的一项重要发明，后来轮子被装在马车上，从而改变了交通。

丝绸之路是谁最早开拓的？

古代世界，交通不像现在如此发达。当时的中国四周只有高山、大海，外面的世界是什么样子，没有人知道。有一撮人突破地理障碍，从长安城（今西安）出发一路向西，经过河西走廊后分成两条路线，一条在天山以北，一条在天山以南，然后通往中亚和西亚，最远到了今天的罗马。这就是历史上有名的"丝绸之路"。丝绸之路的开通要归功于张骞。张骞是汉朝人，第一次奉汉武帝之命出使西域，历时十三年，去时随团一百多人，返国时连同张骞只有两人。

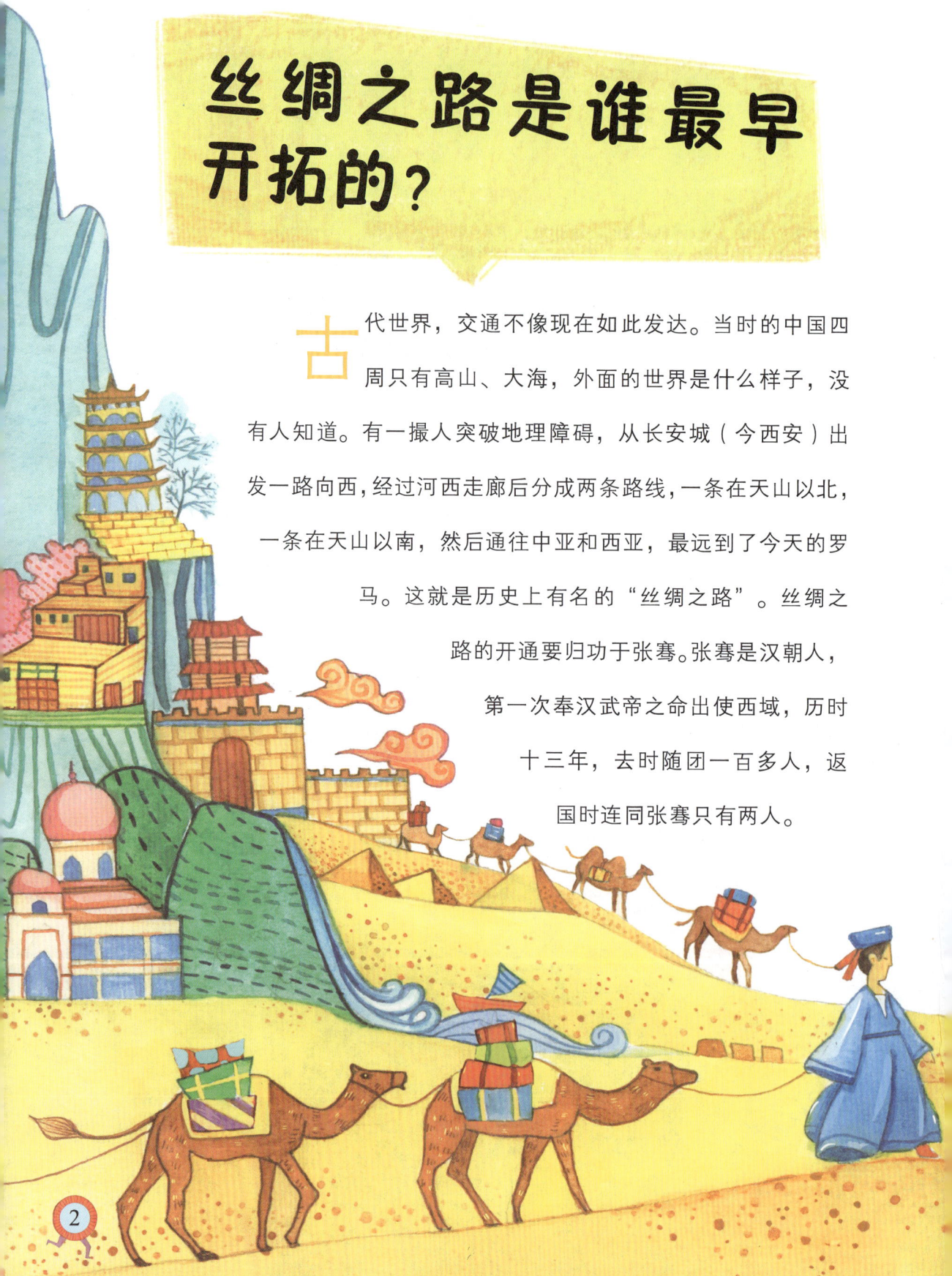

古代也有交通规则吗？

在中国宋代有一本书，是最早用在交通管理上的。这本书叫《仪制令》，上面规定平民百姓要给当官的让路，年纪轻的要给长者让路，等等。不过，那时还没有专门的交通警察，规则全凭自己掌握。比如，钦差大臣出行，有人鸣锣开道，行人都要让路。到清代，轿子的轿顶还分等级，一看轿顶便知是哪个等级的官，两轿相遇，小官让大官先走。另外，车辆有靠右行走的规则，源于古代军队的队列规定。古代战士右肩扛着矛或其他兵器，只好把左面让给迎面而来的军队，自动靠右边行走。

为什么交通信号灯采用红、黄、绿三种颜色？

红灯停，绿灯行。在城市生活的人们，免不了要穿越街道，在街道交叉路口，红绿灯就是指导人们过马路的。

为什么要采用红、黄、绿三色呢？这其实蛮讲究的。最初的发明者，通过实验，觉得红色非常显眼，即使在昏暗、雾气很重的天气，也能看得见，所以选择了红色。相对来说，绿色比较柔和，经常和生命或健康联系在一起，表示安全通行再贴切不过了。最后来说这个黄灯，它主要在红绿灯转换时不停闪烁，起缓冲作用。这交通信号灯也大有学问呢！

为什么高速公路上没有路灯？

大多数人有印象，长长的高速路上没有路灯，其实一点儿也不稀奇。虽然高速路上没有路灯用来照明，但是却有其他照明办法帮助司机夜间行车。什么办法呢？就是用一些特殊的反光材料，这些材料反射光线的能力很强。也就是说，当汽车灯照射在涂有反光材料的交通标志上时，司机是能看清楚地面上的交通标志的。这样既节约能源，又提高了行车的安全性，可谓一举两得。

谁发明的斑马线？

条斑马线，使行人能够安全跨越马路。

斑马线是谁发明的呢？其实，斑马线最早出现在古罗马，那时候还不叫斑马线，而是跳石。直到汽车被发明后，因为交通事故一再发生，有人就想到了一个办法：当时的英国人，设计出了一种横条状的人行横道，因为看起来像斑马纹，所以就叫作"斑马线"。有了斑马线，驾驶员看到就会减速，让行人安全通过。小朋友过马路时，一定要注意安全，走斑马线，不要闯红灯。

为什么有些公路要染色？

不知道你有没有注意到，公路上不只有黑色、白色，还有其他颜色。这些颜色可不是摆设，也不是为了漂亮，而是有特殊用途。在公路上染上颜色主要是希望通过各种颜色的变化，逐渐代替普通公路路面和交通标志的单调颜色，这样就能消除驾驶员在驾驶过程中产生的乏味、紧张、烦躁的感觉。并且，驾驶员可随时根据沿途路面的色彩和图形做出正确判断，采取必要的措施，确保交通安全。

为什么汽车多是后轮驱动前轮？

什么是后轮驱动？简单地说，后轮驱动就是动力由发动机传递到后轮上，带动车辆行进，就是后轮推着前轮前进。从设计来看，根本原因在于前轮或后轮，谁能给汽车最大的牵引力。用哪一对车轮来做驱动轮，只要看哪对车轮的载重量大就行了。一般来讲，汽车的重心在后轮上，所以由后轮驱动比较好。其实，最初的汽车就是采用后轮驱动的。前轮驱动比后轮驱动晚了半个多世纪。

为什么越野车可以跋山涉水？

相比普通车型来说，越野车动力十足，无所不能。无论是戈壁沙漠，还是泥泞的乡间小路，或者是湿滑难行的浅滩，越野车都可以轻松跨越。原来，这一切都要归功于它的特殊设计，除了发动机够强劲，它还拥有全轮驱动，即每一个轮子都能提供动力来源。另外，它的大花纹轮胎和高底盘也不可小觑，轮胎有很强的防滑能力，底盘较高，可以在高低不平的路面自由行驶。

为什么汽车轮胎上有花纹？

轮 胎就像汽车的脚，轮胎上有花纹的道理，和我们人穿鞋子是一样的。它可不是为了好看，而是为保证车辆行驶的安全。你想想看，如果只是在干燥路面，轮胎没有花纹也无所谓。可是，万一遇到雨雪天气，没有花纹的轮胎很容易打滑。这是因为在路面和轮胎之间有一层薄薄的水膜，水膜使轮胎和路面的摩擦力减小。这时候，车子开起来会摇摇晃晃，想停却停不下来。

如果轮胎上有花纹，水会从花纹的沟里排出去，轮胎和地面仍然紧紧地贴在一起，因此不容易打滑。

为什么汽车上要设计安全带？

顾名思义，安全带就是为乘客提供安全保障的带子。这安全带就像一根大的橡皮筋，一旦汽车发生碰撞或者急转弯，安全带就开始发挥作用了，它能让我们的身体和坐椅保持相对距离。最初，它是在飞机上使用的，后来有一个工程师要参加一场汽车竞赛，出于安全考虑，这个工程师在座位上装了一根带子。谁想，在当天的比赛中工程师果然发生了意外，正因为这根带子，他没有受到太大伤害。这之后，从赛车到普通轿车，都被安装上了安全带。

汽车为什么要装安全气囊？

顾名思义，安全气囊和安全带一样，也是汽车驾驶员的安全法宝。平时，它是看不到的，只有在汽车受到剧烈撞击时才会打开，撞击会让气囊里的叠氮化钠与硝酸铵等物质发生化学反应，产生大量气体，充斥气囊，气囊也因膨胀而弹出。在汽车内，安全气囊分布在车内前方、侧方和车顶几个部位，一旦有危险发生，它就开始工作了，可尽可能地减少驾驶员、副驾驶员的头部、胸部受到伤害。另外，安全气囊是和安全带一起用的，如果不用安全带，有时候安全气囊反而会给人造成伤害。

为什么能知道车辆超速了？

其实离不开一件重要的交通法宝，即电子警察。这个警察其实是个雷达测速仪，外形像一把大手枪。当它的"枪口"对准远处行驶来的车辆，一扣"扳机"就会对准行驶的车辆发射雷达波，而雷达波遇到车辆后就立即反射回来，并在数码管上显示出车速来。

为什么能测出车速？我们知道，当鸣笛的警车由远及近时，声调会越来越高；由近而远时，声调会越来越低。而且，车速越快，声调变化的差别也就越大，这就是多普勒效应。雷达测速仪就是根据这一原理制成的。

为什么卫星导航仪能认识路？

偶然来到一座陌生的城市，东西南北，分不清方向，怎么办？

打开卫星导航，一下子就搞定了。

卫星导航仪是怎么工作的？这卫星导航仪还真不一般，它可以向地球轨道上的卫星发射无线信号，并接收到从卫星返回的信号，从而准备判断出你此时此刻的位置。它里面保存着地图，标记着每一栋建筑的具体位置，能够追踪到每一条路、每一个路口，甚至每座车站、机场，等等。

为什么高速公路有时会关闭？

高速公路，是快速便捷的交通要道。可有时，高速公路会出现临时状况，无法通行，就要关闭高速公路。为什么要关闭？

一般来说，取决于两个因素。第一是能见度。比如，雾天，能见度特别低，会让司机的视野变得很窄，容易发生交通事故。当能见度小于 50 米时，交管部门就会采取局部或全部封闭高速公路的措施。

第二，就是路面状况。一旦遭遇特殊天气，路面上有积雪或冰，而又无法立即清除，为了行车安全，也会关闭高速公路。另外，如果发生了恶性交通事故，也会暂时关闭。

雪

为什么自行车骑起来不易倒？

自行车，是使用最多的交通工具，是个了不起的发明。有意思的是，停下的自行车，没有支架很容易倒。可一旦你骑上自行车，开始驱动车轮，自行车立刻就能保持平衡，不容易倒了。而且，车轮转得越快，自行车就越不容易倒。这是为什么呢？许多小朋友都会有这个好奇心。其实原理很简单，它就像我们玩的陀螺一样。这里涉及一个科学原理：凡是转动的物体，都会保持转动轴的方向不变。当自行车的车轮转动起来时，车轴的方向会保持不变，所以，自行车就不容易倒了。

有快过汽车的自行车吗？

自行车是一种相当普遍的交通工具，可是自行车的速度有限。那么，自行车能不能拥有超快速度，快过汽车呢？目前，"火箭自行车"已经问世。

把火箭发动机安装在自行车上，没想到它"一行冲天"，竟然击败了名冠一时的保时捷汽车，简直让人不可思议。有人在机场的飞机跑道上做过试验，结果一举创下了时速236千米的新世界纪录。这种火箭自行车融竞技性和舒适性于一体，刹车准确，还能变速，在任何天气和路况下，车手都能自己掌控，实在是让人爱不释手。

消防车可以无视交通规则吗？

这 的确是很多人都会问的问题，也是小朋友好奇的问题。

一个电话，十万火急。当火灾发生时，消防车一路上鸣放警笛，必须以最快的速度赶到火灾现场，这是命令。消防车是救灾车辆，在赶往救火现场时连红绿灯都不需要等待，其他车辆也要避让。有人会问，消防车的红颜色跟这有关吗？当然。消防车可以在尘土飞扬的环境中，或狂风暴雨袭击时，或在大雾弥漫的天气里让人们从很远的地方看见，这样就为尽快灭火抢险提供了方便。

电车会电到人吗？

城市里有一种交通工具，叫电车。一般情况，电车是不会电到人的，为什么这么说？因为电车上的扶手、坐椅采用的都是绝缘材料，因此不会导电。另外，需要说明的是，电车的车门下边还有一根传电的铁链，一旦有漏电现象，这根铁链就会将电传到地面。电车之所以叫电车，只是因为它的动力来源于电。相反，如果电车容易电到人，那谁还会乘坐呢？不过，不怕一万就怕万一，电车也可能会发生漏电，但这种情况的概率很小。即使有，工作人员也有应对措施。

英国的汽车也是靠右行驶吗?

开汽车的人都知道起码的交通规则——开车要靠道路的右侧行驶,难道每个国家都是如此吗? 其实不是这样的。在这个世界上,既有靠右侧行驶的,也有靠左侧行驶的,比如英国、日本就是靠左侧行驶。这是受英国早期交通习惯的影响,当时主要用的是马车,靠左边方便上马直接走,靠右的话还要掉头。中国大陆后来才靠右侧行驶的。

什么是一级方程式赛车?

每次一级方程式赛车比赛，都是全球关注的焦点。有人看到"方程式"三个字，都会误以为这种赛车与代数有什么联系。"方程式"三个字在这里是指赛车的规格和程式，是指参赛车辆必须按照联合会规定的统一规格去设计制造，以保证平等竞争和安全。其规格包含气缸容积、功率、车重、长度、宽度等。其中，气缸容积最大、功率最大、速度最快的称为一级方程式赛车。它的比赛称为一级方程式锦标赛，英文名为 formula1，简称 F1。它具有高速、惊险、刺激，融现代科技和个人智勇于一体等特点，令车迷为之倾倒。

21

有会飞的汽车吗？

切皆有可能。想想看，上班堵、下班堵，交通的堵塞有时候真让人抓狂。这个时候，一辆能飞的汽车肯定会让人眼前一亮，实现"上天飞、下地跑"的飞跃。这种汽车不仅可以在公路上行驶，也可以在空中穿梭往来，避开恼人的交通堵塞问题。想飞行时，只要按下一个按钮，它就能在15秒内变身成小型飞机，经短距离助跑后就可一飞冲天，每小时可飞行185千米，最远可飞800千米。这种汽车好是好，不过要想驾驶它可不是那么容易，你不仅需要驾驶执照，还需要飞行执照。并且，这么酷的车价格也不会低，显然这不是普通人所能拥有的。

纳米汽车有多大？

纳米汽车，车身虽小，但结构俱全，有底盘、车轴和四个轮子，这四个轮子还能转动呢。发动机是一对结合在一起的碳分子，用特殊波长的光照射时，分子能向一个方向旋转。有了这种发动机，汽车每分钟能跑2纳米远。

经测量，这辆车只有4纳米长，还不到头发丝直径的万分之一。人的头发平均直径约8万纳米，可见它有多小。所谓纳米，是一个很小的计量单位，一纳米即十亿分之一米。

科技的进步，特别是纳米技术的出现，让最小的汽车变成了现实。

什么是网络汽车？

说到网络汽车，很多人一定很陌生。这是一种能自动驾驶的汽车，还能指导驾驶员避开拥挤路段，甚至为乘坐者提供更加丰富的信息。网络汽车是怎么操作的呢？

据说，它可以与计算机相连接，并通过计算机对它进行控制。当然，这样的汽车也是离不开信息技术的，车内装有车载计算机装置，具有多媒体、声音识别、无线通信和全球定位系统等多种技术。也就是说，驾驶员不用伸手去敲打键盘，只需要说出指令，计算机就能按照要求执行指令，实现自动化运作。

未来的汽车燃料有哪些？

对于汽车来说，燃料就像是发动机的食物。目前，汽车主要以汽油和柴油做燃料。当汽车一开动，就会产生大量的尾气，这些废气毫不留情地污染着大气环境，严重损害着人类的健康。我们既然能创造汽车这个"怪物"，也就有能力来改造它的"胃口"。

目前，一些新能源，如乙醇、甲醇、丁醇等，成为汽车燃料新宠。乙醇就是酒精，可以利用蔗糖生产；甲醇可从玉米、大豆中制备；而丁醇的原料竟然是甜菜。这些生物燃料取材广泛，清洁无污染，利用率高，具有很大的发展前途。

火车开来时，人为什么不能离铁轨太近？

当火车开来时，人站在铁轨旁是很危险的，这是为什么呢？因为飞速前进的火车在车厢周围会造成很强的气流，会对旁边的物体产生吸引作用。也就是说，如果人在这时站在铁轨旁，就有可能被火车经过所产生的强大气流吸到铁路上，这样的后果不堪设想。所以当火车开来时，千万不能离铁轨太近。

为什么火车要在铁轨上跑？

火车通过固定的轨道运输很多的旅客或者货物。火车有许多轮子，它先将货物的重量平均地分散到每一个轮子上，这样每一个轮子对铁轨的压力都不会太大。铁轨下还有枕木，列车运行时，列车的重量还可通过铁轨分散到一根根的枕木上。然后，枕木再依靠有弹性的碎石道床，把列车的重量均匀地分散到地面上。这样，也不用担心列车行驶时陷入泥土里了。还有一种铁道，铁轨下面是宽宽的轨道板，轨道板可以直接把列车的重量均匀地分散到地面上，提高行驶速度。

火车"咔嚓咔嚓"声是哪发出的？

经常坐火车的旅客，总会听到"咔嚓咔嚓"的声音，这是哪里发出的呢？

原来，它来自火车的车轮与两根钢轨连接处，也就是轨缝的撞击。钢轨的接头，是轨道中最弱的环节，列车通过时，会对钢轨产生非常大的冲击力。相邻的两根钢轨，总是采用焊接的方法连接起来。现在，大都是把 25 米长的标准钢轨，10 根一组地焊接成一根长 250 米的钢轨，以保证火车行驶的安全性。

为什么铁轨要设计成工字形?

如果你注意观察，会发现铁轨的形状是上窄下宽的工字形。这是为什么？原来，铁轨设计成这样，与火车的自重和载重量很大有关。要承受这么大的重量所施加的压力，铁轨的顶面必须有足够的宽度和厚度；铁轨自身要想保持稳定，其底面部分也必须有足够的宽度。除此以外，火车的车轮要求铁轨必须有一定的高度，而工字形铁轨刚好可以满足这些要求。

为什么火车上要安装双层玻璃窗？

火车属于长途交通工具，走的路线四通八达，要适应各种地形、地貌，尤其是冬天，保温就显得异常重要。怎么保温？设计者想到了用双层玻璃。就像保温瓶的原理一样，两层玻璃之间因为有空气，可以减少热量的流失。另一个原因就是，能避免车厢的玻璃产生霜雾。如果没有内层玻璃，那么势必会有车厢内的热空气与车外的冷空气相遇，车厢玻璃上产生霜雾的现象。

火车启动时，为什么要倒退一下？

火车由长长的车厢和机车组成，车厢之间是通过挂钩连接在一起的，但每节车厢之间是有缝隙的。通常火车各车厢之间的挂钩绷得很紧，如果火车头直接启动，牵引力必须克服整列火车与铁轨之间的摩擦力才能启动。由于阻力很大，火车头则需要很大的牵引力。相反，如果让火车先倒车，这样就能使车厢之间的挂钩松弛，再向前启动，挂钩猛然绷紧，就会给每节车厢一个向前的动力，这样就抵消了车厢向后的阻力,火车头启动起来就容易多了。

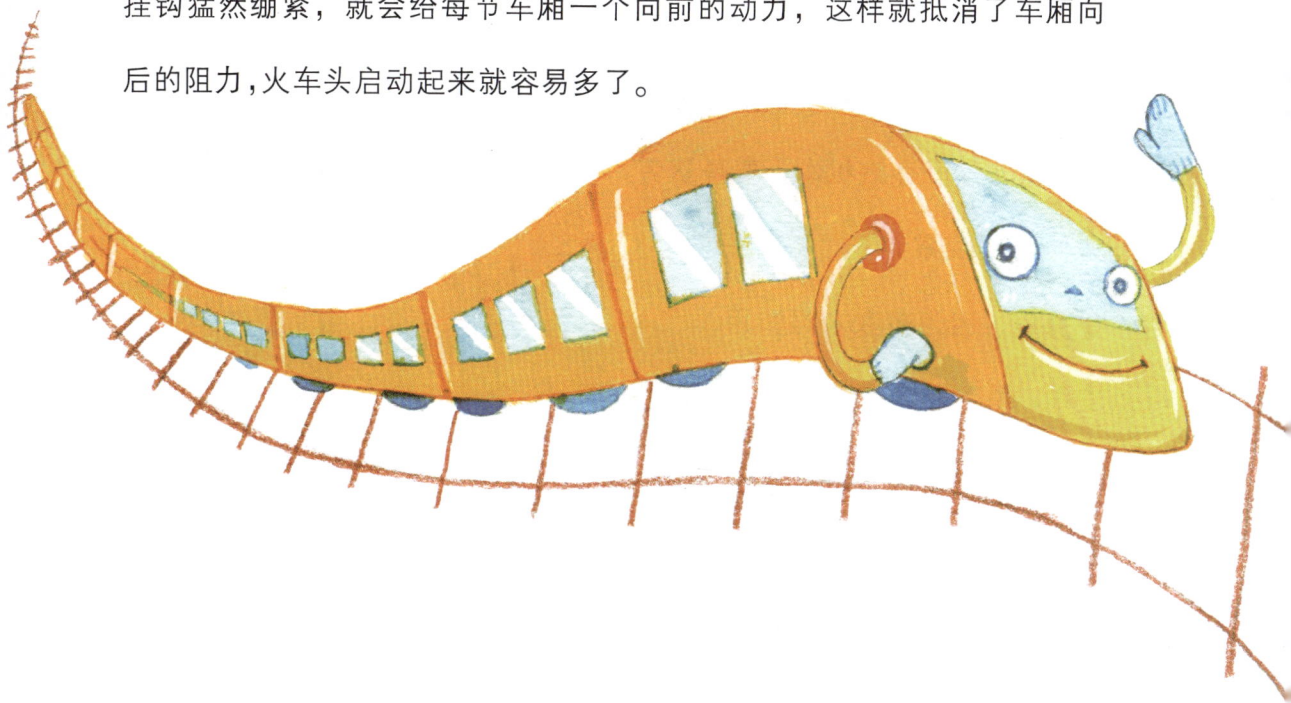

火车为什么是左行？

与汽车靠右行驶不同，火车是靠左行驶的。这难道有什么说法吗？其实，这就是一个习惯问题。火车是由英国人发明的，最早的铁路都是按照英国人的设计修建的，英国的信号系统也是左行的。为什么英国铁路为左行，有两个说法：一是说英国的马车靠左，所以火车也靠左；另一种说法是，最初的火车属于蒸汽机车，要是从旁边伸出头观察路况，只能一只手操作，因为多数人习惯用右手，所以，驾驶位设在左边，这样铁路信号系统也设置在了左边，行车也是靠左。

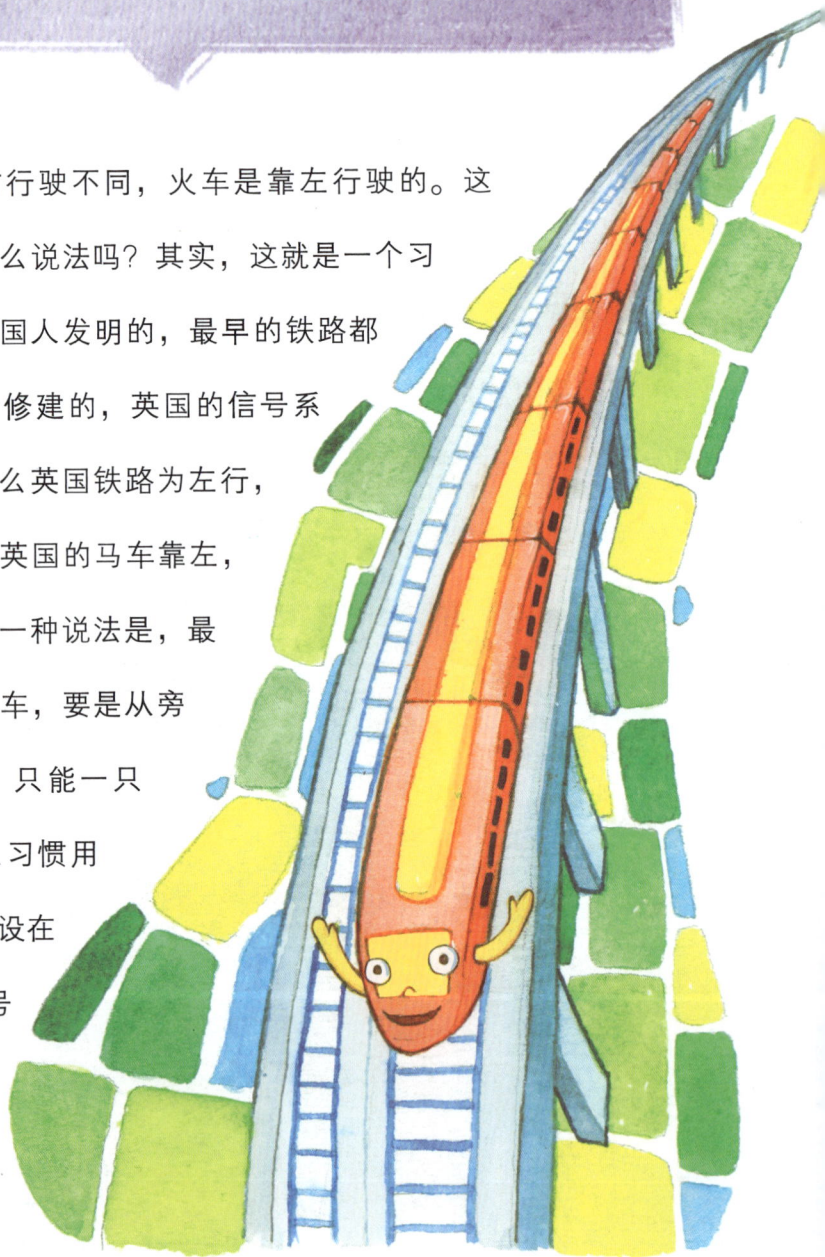

火车刹车是要提前进行吗？

火车属于交通工具中最长的，很多人都有疑问，火车刹车是怎么控制的？首先，火车刹车也是由火车头控制的，接着才是每个车厢一起刹车。究其原因，在于每个车厢都有刹车装置。也就是说，当火车司机发现已进站，或者需要紧急刹车时，就按下刹车按钮，这样从车头开始，一直到最后一节车厢，都启动了刹车系统，火车就能迅速做出反应，顺利停下。

为什么火车票要被剪个小口？

乘坐火车在候车室经过检票口时，列车员会在你的车票上剪个小口。为什么要检票？难道是为了防止旅客上错车，被送到不该去的地方？

其实不然，最主要的是，铁路部门规定只有剪了小缺口的票才有效。这小口也非同小可，因为铁道部门给每位旅客买了旅行安全保险，它就是旅客参加保险的凭证。也就是说，如果火车在行驶中不幸发生了事故，使旅客受伤，铁道部门凭剪过口的火车票，会负责旅客的抢救、治疗费用。因此，这张票要格外保存好，直到到达旅行目的地。再说，到站时，被剪过口的车票也是自己合法购票乘车的凭证。

为什么高铁座位没有配安全带？

坐汽车的时候，司机和乘客都要系上安全带。发生交通事故时，安全带能起到一定的缓冲作用，尽量避免伤害。所以，乘飞机时，我们也会系上安全带，防止飞行途中气流颠簸对人身体造成伤害。不知道你有没有注意到，高铁上却没有安全带，这是因为高铁和汽车相比，极少发生撞车事故，也不会像飞机那样产生颠簸。此外，它的运行速度超过 300 千米/时，一旦发生事故，安全带几乎毫无作用。因此，全世界的高铁都没有安全带。

世界最高的铁路在哪里？

要说世界最高的铁路，非青藏铁路莫属。

青藏高原素有"世界屋脊"之称，怎么能修铁路？想想看，由于处在高海拔地带，冬季寒冷漫长，地下是很厚的冻土层，对施工来说是不小的难题。再就是高原上空气稀薄，施工人员操作起来非常不易。最终，科研人员还是找到了切实可行的办法，解决了这些问题。这一让世界为之惊奇的伟大工程，简直可以称为一条"天路"。

没有车轮的磁悬浮列车是如何行驶的呢？

正常的火车是有车轮的，轮子和轨道紧密配合，遇到转弯，也不会脱离轨道。很多人注意到，磁悬浮列车是没有车轮的，可它的速度却特别快。这正是它的特别之处，就在于它利用了磁极的特性——同名磁极相斥，异名磁极相吸。所以，列车利用这种前吸后推的磁力原理就能往前跑了。

由于磁悬浮列车没有轮子，所以在行驶时会比一般火车来得安静，就连遇到坡路或弯路时，也能十分安稳且快速地行驶！

见不到轮子的现代轮船，为什么还叫轮船呢？

轮船帮助人们跨越大江大洋，我们在轮船上也没有看到轮子。为什么要叫轮船呢？

其实，最早的轮船是带轮子的。1807 年，美国青年富尔顿发明了一艘不用船桨，也不用帆的船。这艘船利用蒸汽机带动船舷上的两个大铁轮转动拨水行驶，那个轮子的直径约 4.6 米，比一间房子还高。当这艘船首次在美国哈德孙河上航行时，人们新奇地看着船舷上的大铁轮，听着蹼轮拨水的轧轧声，就给这种船起了个名字——轮船。这也是现代意义上最早的轮船。后来，人们把大轮子改成了螺旋桨，轮船的造型也越来越好看。

轮船怎样靠岸？

如果你注意观察的话，会发现在江河中行驶的轮船，总是要逆着水靠岸。这是为什么呢？道理很简单，因为轮船靠岸时需要减速，逆水获得的阻力能让轮船慢下来，这样就可以平稳靠岸了。相反，如果是顺流靠岸，以轮船的惯性和水流的推力，船根本无法停下来，更别说停稳了。

为什么轮船底部大多是红色的?

这的确是一个好问题。由于轮船整天浸泡在海水里,在轮船底部刷油漆,最直接的原因是为了防止船体被海水腐蚀。另外的原因一般人想不到,这其实和海洋生物有关。在大海上航行时,轮船周围会有很多生物一起跟着游动,甚至还有一些生物会附着在船底,这样不但会使船体受损、增加船的重量,也会影响轮船的航行速度,甚至还会影响轮船的使用寿命。而这层红色的油漆是由一种特殊材料制成的,可以赶走附着在船底的海洋生物。

为什么帆船逆风也能航行？

帆船不像普通轮船，它没有发动机，靠的是风推动船前进。对船身而言，帆做得比较大，就是为了能够更多地利用风。许多人好奇的是，帆船顺风航行时速度很快，可是遇到逆风怎么办？别着急。挂在桅杆上的风帆可以依据风向随时改变角度。逆行时，帆船会侧转船身，让它的帆与船有一个角度，帆的一边鼓满风，另一边的压力较小，船体就利用这种压力差前行。在前进时，船的行进方向与目的地会有偏差，需要每隔一段时间调整帆的方向。所以说，帆船往往呈"之"字形在前进。

船可以在水面上飞吗？

很多人不以为然，其实还真有。这是一种能贴近水面飞翔的船，船在航行时，船体可以完全离开水面，只受到空气的阻力，比在水中航行时受到的阻力小很多。这就是气垫船。气垫船里面装有几部很大的鼓风机，能产生强大的压缩空气，其由船底四周的环形道喷出，以很大的压力向下冲向水面。这样，船体得到方向向上的反作用力，进而把船体推出水面。水面和船体之间形成一层气垫，这也是它得名的由来。

船是如何翻山越岭的？

船是如何翻越一座座高山的？这很简单，只要通过人造的运河和大型的水闸就可以实现这个设想。一组组闸门形成许多封闭的闸室，它们就像是水中的台阶。只要船进入闸室后，闸室内的水位就会上升，直到与下一个闸室的水位一样高。随着水面升高，船就能平稳地进入下一个闸室，就像爬上了一个台阶。所以说，翻山越岭，对它们来说也是小菜一碟。

什么是破冰船？

南极和北极是地球上最冷的地方，海面结冰，船只无法通过，怎么办？

有个聪明的俄国人，想到一个好办法。他对一艘普通船进行了改装，把船头做得有斜度，像铁锹一样能滑到冰面上，接着依靠船身的重量将冰压碎，这不就可以开出航道了。这就是世界上第一艘破冰船。后来，更多成熟的技术应用在破冰船上，破冰船也越来越厉害。去南极科考少不了破冰船帮忙。

为什么潜艇既能下沉也能上浮？

潜艇在水中能自由下潜、上浮，甚至悬停，秘诀在于安装在潜艇上的两个压载水舱，两个水舱分布在潜艇的两侧。

这两个压载水舱就是控制潜艇上浮或是下潜的重要部分；当潜艇要下潜到水底时，就向压载水舱中注入大量的水，排除其中的空气，这样潜艇的重量大大增加，潜艇就能够不断下潜；当潜艇完成任务要上浮到水面时，就把压载水舱中的水排出去，潜艇的重量减轻，它就会在水的浮力作用下，慢慢上浮。

有的潜艇上携带鱼雷或是导弹等武器，会改变潜艇的重量，这时候，人们会在潜艇上安装补重水舱、快潜水舱等辅助压载水舱。当潜艇需要急速下潜时，只要将全部的压载水舱都灌满水，那么潜艇下潜的速度就会大大提高。

为什么要在海底建隧道？

顾名思义，海底隧道就是建设在海底的隧道。为什么会有海底隧道？这也很容易理解，在两个陆地之间，或者海岛之间，只有船能穿越。可是，船会受到各种不利的自然条件的影响，比如，遇到恶劣天气，就无法通行。于是，人们突发奇想，想到了在海底建设一条和陆地上一样的隧道，这样就可以随时出行了。这一想法真的实现了，它不受大风、大雾的影响，成为方便快捷的交通通道。不过，造价也不菲。世界上最著名的海底隧道是英吉利海峡隧道、对马海峡隧道等。

为什么跨海大桥都不是直的？

跨海大桥，有的是直的，有的则弯弯曲曲。一般来说，横在河流上的大桥都是直的，而跨越海湾的则是弯的。为什么不是直的？这其中是有说法的。一来跨海大桥跨越的范围很大，每个地方的水流流向不一致，所以要在不同地方采用轴线走向，减少水流冲击。当然还有一些美学设计在里面。这种大桥属于大工程，对技术要求特别高，短则几千米，长则数十千米，非常壮观。

悬索桥是什么?

悬索桥又叫吊桥,属于桥梁中的一种。它的主要承受力是桥两端的两根塔架,这两根塔架间的缆索(多股的高强钢丝)拉住桥的桥面。为了让悬索桥更加稳固,两根塔架外的另一面也有缆索,这些缆索保障塔架本身受的力是向下的。当然,有些悬索桥的塔架外还有两个小一些的桥面,它们可以由小一些的缆索拉住,或由主索拉住。悬索桥的优点在于可以充分利用材料的强度,具有用料省、自重轻的特点,因此悬索桥在各种体系桥梁中的跨越能力最大,跨径可以达到 1000 米以上。目前世界上跨距最大的桥梁及悬索桥是建成于 1998 年的日本明石海峡桥(跨径 1991 米)。

谁是热气球的第一批乘客?

热气球是 18 世纪的一对法国兄弟——蒙哥尔费发明的。据了解,最初他们看到一些纸片在篝火上会向上飞舞,受到启发,决定制造一种飞行物。这个想法太大胆了,也成功了。1783 年 9 月,在法国凡尔赛宫的公园,第一批热气球乘客做好了飞天准备,注意,它们不是人类,而是小动物,即羊、鸭子和公鸡。两个月后,第一次载人飞行试验成功了。

为什么飞机在身后留下一条白白的尾巴？

晴朗的天空，有时天上的飞机飞过会留下长尾巴，格外引人注目。难道是飞机喷的尾巴吗？其实，你不必大惊小怪，原因也很简单，这不是烟，而是一种特殊的云。

这种云是怎么形成的？其实水蒸气在天空凝结成的小水滴或小冰晶。飞机在空中飞行时，会像车子一样从引擎中排出废气，这些废气中含有水蒸气，当水蒸气接触到低温时，就会迅速凝结成小冰晶，从而变成一条长长的白云。这就是飞机飞过后，常常会出现一条白尾巴的原因。

为什么有的飞机可以在空中加油？

飞机在空中飞行的过程中是可以加油的。当然，并不是所有的飞机都能加油，而是一种专门用于给飞机在空中加油的飞机才可以，名叫空中加油机。空中加油机内部有一个容量极大的油箱，通过管道把燃油输送给等待加油的飞机。想想看，两架飞行着的飞机，一个在给另一个加油的场景，这么完美的空中配合，是足够让人震撼的。

飞机在空中也要遵守交通规则？

有人说，飞机在广阔的天空上飞来飞去，是不是就不需要交通规则呢？其实，与路面行驶的汽车一样，飞机在天上也必须遵守空中"交通规则"。有了规则，才能避免不必要的交通事故。民航部门首先会对飞机的机型进行划分，规定它们可以飞行的区域范围。飞机在飞行时，必须时刻与地面塔台（地面控制中心）保持联络畅通，由"空中交通警察"——空中交通管制员通过雷达追踪飞机的位置，指定飞行路线，确保飞行安全。

飞机为什么怕小鸟？

飞机在飞行中，尤其怕遇见小鸟。别看鸟是小小的一只，但它却能让机毁人亡。它可是飞机的大敌。据报道，世界上因为鸟类引起的飞行事故几乎每年都有。现在的飞机都装有先进的喷气发动机，这种发动机也是飞机的薄弱之处，它在运转时，需要吸进很多空气。如果鸟儿和飞机相遇了，鸟儿又碰巧被吸进飞机的发动机内，就会破坏发动机叶片，造成飞机意外事故，甚至发生爆炸。飞鸟对飞机的安全造成了巨大的威胁，而鸟撞飞机的防治也是世界级的难题。

为什么飞机上也装红绿灯？

不光地上有红绿灯，在空中也一样有。飞机在高高的天上飞行时，飞行员为了观察周围有没有其他飞机，随时了解周围的飞机同自己的距离，因此在夜航的时候，要在飞机的左右两侧和尾部开三盏航行灯。左翼尖为红色灯，右翼尖为绿色灯，尾梢装有白色灯。如果看到一架飞机与自己在同一高度上，而且只看到红、绿两盏灯，这说明对方正在迎面而来，有对撞的危险，必须设法避开。如果只见到一盏灯，那就说明对方是在自己的左侧或右侧。如果三盏灯同时可见，那就说明对方在自己的上空或下空飞行，这两种情况是没有危险的。

为什么直升飞机能停在空中？

任何东西要想离开地面升上空中，都要同一个最大的敌人，即重力作斗争。直升机一旦停下来，就需要有足够的升力来抵抗自己的重量，才能在空中停留。直升机的升力，是由在它头顶上会旋转的旋翼所产生的。当直升机停在半空中的时候，它的旋翼仍然在不停地转动，旋翼所产生的升力，正好同直升机受到的重力大小相等而方向相反。因此，直升飞机就能不前进也不后退，既不升高也不下降，稳稳当当地停在半空中执行任务。

太阳能飞机夜里是怎么飞的?

太阳能飞机要想飞起来,就必须依赖太阳的能量。可是,你有没有想过,要是遇见下雨天,或者在夜里,它还能不能飞呢?这个不必担心。因为所有太阳能飞机都装有动力保障源,这就是能够反复充电的"锂离子"电池。当夜幕降临时,太阳能飞机就可以利用锂电池飞行。白天,太阳能光电板将阳光转化为电能,暂时储存到高技术锂电池里,夜晚就把电池里的能量释放出来,作为动力源为飞机提供持续动力。太阳能飞机的机翼都很长,即使没有动力能源,也可以靠飞机在空中的高度做自由滑行。

黑匣子是什么？

旦有飞机失事，首先就是要找到黑匣子。每一架飞机都有黑匣子，其实，黑匣子是俗名，它的学名叫飞行数据记录仪，是一种将飞机飞行的信息储存下来的仪器。倘若不幸发生事故，从黑匣子里就可以了解飞机失事的原因。黑匣子里面有磁记录设备，能实时地把飞行员说的话、飞行员机外通信和飞行情况记录下来。一般来说，在飞机出事前后30分钟的各种信息，它都可以保留下来。所以，飞机一旦出现事故，找到黑匣子是揭开所有谜团的重中之重。

为什么飞机可以在水上飞？

和普通飞机一样，水上飞机也有机身、机翼、尾翼、螺旋桨以及起落架，能在水中起降、停泊，完成各种任务。这其中的奥妙就在它的特殊设计上——它的机身是斧刃形的船体。说白了，水上飞机是飞机与船相结合而成的，称得上是一个"全能选手"。

世界上第一架水上飞机是法国人设计的。设计者将普通飞机的起落架改装，使它变成了一个可以在水面上浮起的浮筒，浮筒是用弹性较好的胶合板制成。而整个飞机机身采用木质结构，并用粗帆布做蒙皮。飞机在水中时，主要靠三个浮筒支撑，一个装在机身前，另两个在机翼下面。

为什么航天飞机能任意穿梭天地间？

航天飞机不仅能穿越地球大气层，还能飞到地球大气层外去执行任务，但普通飞机只能在地球大气层内飞行。这是为什么呢？航天飞机由轨道飞行器、固体火箭助推器和外挂贮箱三大部分组成，外形像一架三角翼滑翔机。它借助火箭的力量摆脱地球引力的束缚，进入地球轨道后像飞船一样运行，完成各种航天任务。在返回大气层时，航天飞机则像飞机一样滑翔和着陆。航天飞机的固体火箭助推器相当于一个固体火箭发动机，可回收并重复使用。外挂贮箱用于贮存液氢和液氧推进剂，负责主发动机输送推进剂，给航天飞机提供了持续的动力。

什么是航天母舰？

航天母舰其实是一种巨型的、空天一体的宇宙飞船，在离地面数万千米的地球同步轨道上航行。它总是由空天飞机、太空拖船、太空补给站等组成编队来为其护航。上面生活着近百名宇航员，他们受过专门训练，能在太空中刺探情报，并打击敌方目标。他们的武器主要是激光枪，它可用来发射威力无比的激光束。空天飞机是往返天地的运输机，可以和航天母舰对接，专门运送物资和伤员。作为未来太空的战舰，在未来战争中航天母舰将取得绝对的太空权。

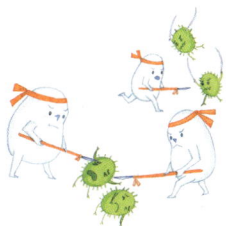

科学大"真"探

Human Body

人体

黄春凯/主编　苏南　米斯阳/绘

黑龙江科学技术出版社
HEILONGJIANG SCIENCE AND TECHNOLOGY PRESS

SHENQIDEWENTI

图书在版编目（ＣＩＰ）数据

科学大"真"探.2,人体 / 马万霞主编；黄春凯
分册主编；苏南 米斯阳绘 .-- 哈尔滨：黑龙江科学技
术出版社, 2019.1
（神奇的问题 : 给奇思妙想一个科学的答案.第一
辑）
ISBN 978-7-5388-9867-5

Ⅰ.①科… Ⅱ.①马… ②黄… ③苏… Ⅲ.①科学知
识－儿童读物②人体－儿童读物 Ⅳ.① Z228.1 ② R32-49

中国版本图书馆 CIP 数据核字 (2018) 第 221429 号

科学大"真"探·人体
KEXUE DA "ZHEN" TAN·RENTI
黄春凯 主编　　苏南 米斯阳 绘

项目总监	薛方闻
策划编辑	孙　勃
责任编辑	孙　勃　刘　杨
封面设计	青　雨
出　　版	黑龙江科学技术出版社
	地址：哈尔滨市南岗区公安街 70-2 号 邮编：150007
	电话：（0451）53642106 传真：（0451）53642143
	网址：www.lkcbs.cn
发　　行	全国新华书店
印　　刷	天津盛辉印刷有限公司
开　　本	787 mm×1092 mm　1/16
印　　张	4
字　　数	50 千字
版　　次	2019 年 1 月第 1 版
印　　次	2019 年 1 第 1 次印刷
书　　号	ISBN 978-7-5388-9867-5
定　　价	128.00 元（全四册）

本社常年法律顾问：黑龙江大地律师事务所 计军 张春雨

Contents 目录

为什么刚出生的婴儿要啼哭？

婴儿来到人间的时候，总要大声啼哭问候这个世界。其实他们也是"迫不得已"的。

婴儿在妈妈的子宫里时是不用肺呼吸的。当他们出世后，就得学会自己呼吸维持生命了。这时候婴儿的身体不再蜷曲，而是舒展开来；婴儿的胸腔扩展，肺叶也随之张开，这样第一口空气就会通过气管挤压进肺泡中，空气的进入迫使呼气肌收缩，从而完成第一次呼吸。当气流通过婴儿的声带时会引起口鼻腔的共鸣，婴儿就"不得不"发出啼哭的声音了。

等婴儿习惯了用肺呼吸之后，自然就停止哭泣了。

为什么孩子长得像父母？

有些话你可能听过很多次吧？"瞧，这孩子长得多像他妈妈啊。""你和你爸爸简直就是一个模子刻出来的。"……是啊，为什么小朋友都长得像自己的爸爸妈妈呢？

孩子遗传了父母双方的基因，与父母相似的基因会让孩子继承与父母相似的外貌。构成你的每一个细胞里都有一个细胞核，里面藏有重要的生命"情报"——46条染色体。这46条染色体是由来自妈妈的23条和来自爸爸的23条结合而成。染色体内部含有遗传物质DNA，它们像扭曲的梯子一样不断排列重组着。DNA中记录了爸爸妈妈的体貌脾性等小秘密。因此，孩子会长得像自己的爸爸妈妈。

为什么双胞胎长得那么像？

把你弄晕的双胞胎宝宝从他们孕育的那一刻起就注定有相同的长相了。每个孩子都是由一个精子和一个卵子结合后诞生的，大多数情况，精子和卵子在结合后会迅速发育形成一个细胞，随后，这个细胞开始不断地分裂增多，并发育成一个胎儿；也就是说，妈妈一胎怀上了一个宝宝。但有时候，精子和卵子在最初的结合中分裂出两个完整的细胞，这两个细胞从此各自分裂增多，最后发育成两个胎儿。因为两个初始分裂的细胞染色体排序一致，发育出的两个小婴儿也会非常相似。

为什么人会有力气？

对于一个活蹦乱跳的小朋友来说，每天要做的事情实在是太多了：要穿衣吃饭，要走路骑车，还要写写画画……做这些事情都需要有力气才行；要是没有力气的话，连眨眼这样简单的动作都很难完成。那么，人的力气是从哪儿来的呢？

人会有力气是因为我们身上有结实的肌肉。肌肉遍布全身，因此大脑发出的动作指令才能被我们很好地完成。让肌肉力量得以长久持续的是我们平时食用的食物：肉、蛋、奶等富含蛋白质，蛋白质是构成肌肉组织的原料；面包、土豆或米饭等含有糖类，它们能为肌肉组织提供活动所需的能量。

想知道如何成为一个"大力士"吗？秘诀就是：多补充能量不挑食——当然，千万别忘了坚持锻炼身体哟！

骨骼有自我修复能力吗？

人身上绝大多数骨头都是硬邦邦的，但它们也是有"生命"的。骨骼里面布满了血管、神经，还有多种细胞；要是骨骼受到破坏，也会流血。除了能够不断生长，骨骼还有自行修复的神奇功能。

在骨骼中有两种神奇的细胞：成骨细胞和破骨细胞。它们名字相反，作用也是相反的。成骨细胞负责制造新的骨细胞，而破骨细胞则负责吞噬那些破损和老旧的细胞。当骨头断裂时，成骨细胞就会发挥作用，不断地制造新的骨细胞让折断的地方得以愈合。

骨折最常见的发生部位是手指、手腕和上肢、腿等，若是这几个部位发生骨折，也不必担心，找医生处理后，它在成骨细胞的帮助下就会慢慢长好。

为什么剪指甲不会痛？

指甲长了，会给我们带来很多不便，拿东西都会觉得麻烦；长长的指甲还容易成为细菌和污垢的聚集地，细菌还有可能通过指甲接触我们的身体，让我们生病。所以，我们要好好洗手，勤剪指甲。好多小朋友都害怕剪指甲，觉得剪指甲一定会很疼。不过别担心，剪指甲一点儿也不疼。

组成指甲的成分叫作角蛋白，它是我们人体表皮细胞的一种。角蛋白不断地分裂增长，我们的指甲也就不断地变长。角蛋白中没有神经细胞，所以剪指甲时我们当然不会觉得疼了。

为什么人睡觉时都要闭上眼？

我知道好多小朋友不爱睡觉，他们想着要是能睁着眼睡觉该多好啊，这样就可以一边玩儿一边睡觉了——但这是不可能的，你得闭上眼睛才能睡得着。

人在困倦的时候，大脑也跟着懒洋洋的，它们会放松对眼睑肌肉（眼皮）的控制，所以，人睡着的时候都会不由自主地闭眼；再说，人的眼球需要保持适当的湿度才能更好地看清东西，闭上眼正是对眼球的保护。还有，好多动物比如青蛙都生有眼睑，它们睡觉的时候都是闭着眼的，人类当然也要学习这个优点啦！

为什么挠自己的胳肢窝不会痒？

要想回答这个问题，我们得先知道为什么挠胳肢窝会痒。

挠胳肢窝是一种轻柔的抚摸动作，但是大脑却不喜欢这个突然的动作，它会判断这一举动是有敌人"入侵"，要给我们的皮肤带来危险，就好像有小虫子爬到了皮肤表面一样，大脑当然会感觉到恐惧。但我们很快发现原来不是"入侵"，没什么危险，大脑又不觉得害怕，反而会因为痒而不自觉地笑起来。

现在，你用自己的手挠一下自己的胳肢窝，看看自己会不会痒。当然不会了，因为你的大脑早就知道自己要干什么了，所以，它便放心地任由手挠了，根本不会有痒或是想笑的感觉。

为什么眼泪是咸的?

眼泪看起来好像水一样透明，可它流到嘴角时，我们却能感受到咸味。

你知道吗？眼泪是从位于眼眶外上方的泪腺中流出来的，它是一种混合液体，大部分是水，其中还有少量盐分以及蛋白质、免疫球蛋白等物质。加了盐的物质都会变咸，眼泪里面混入了盐分，自然就是咸咸的。

不过别以为流泪是一件丢人的事儿。科学家告诉我们，适当流泪有益健康，它能滋润眼球、清除眼睛里的灰尘，还能杀灭有害细菌；另外，流泪还能缓解我们的悲伤情绪，有利于心理健康——但哭个没完就不太好了，这样反而会损害眼睛的健康。

为什么眼睛不怕冷？

天气寒冷的时候，我们得全副武装地御寒，头顶、鼻子、耳朵都得保护好，可眼睛却不需要保暖，它们有什么"特异功能"吗？

当然，我们必须得露出眼睛看路，不过眼睛确实也不怕寒冷。眼睛有奇特的构造，它是由眼球和眼副器组成的。眼球上有角膜、结膜、巩膜，每一层"膜"上都有很多神经，有的负责触觉，有的专管痛觉，就是没有感受冷暖的神经。再加上眼睑的保护，眼睛当然就不怕冷了。

那你知道哪些部位最怕冷吗？就是鼻子和耳朵啦！

为什么打喷嚏的时候通常会闭眼睛？

还记得你打喷嚏的样子吗？有没有发现不对劲的地方？是呀，我只想打个喷嚏，怎么连眼睛也跟着闭上了呢？

打喷嚏是一种呼气动作，空气从口鼻中喷射出去之前，巨大的气流会带动脖子以及脸部的肌肉同时振动，缩紧，负责双眼闭合的眼轮匝肌也会不由自主地收缩，眼睛自然就闭上了。睁着眼睛打喷嚏很可能会伤害泪管，还有可能造成视神经损伤。为了保护眼睛，我们的祖先早就进化出了这种保护性的本能。

打喷嚏看似简单，但得全神贯注才行；要是受到了外力打扰，这个喷嚏可能就"打"不出来了。

为什么我们会有眼屎？

在我们的眼皮里面，靠近眼睫毛的地方有一块柔软的像骨头一样的组织被称作睑板。睑板是眼皮的重要组成部分，上面整齐地排列着很多睑板腺。睑板腺非常勤劳，它昼夜不停地工作，分泌一种像油脂一样的液体。白天时，我们的眼球在油脂的保护下能够清爽地工作，到了晚上我们睡觉的时候，眼睛也休息了，可睑板腺还在工作，继续分泌油脂，这些油脂不断增多，又跟眼里的灰尘以及眼泪中的杂质混在一起，堆积在眼角。这些就是早上一睁眼就被我们发现的眼屎了。

为什么笑也会流眼泪？

笑是因为有了高兴的事儿，流泪是因为有了伤心的事儿，为什么有的人笑的时候也会流泪呢？难道他又高兴又伤心吗？

我们的眼球上时时刻刻都有眼泪湿润着，因为量太少，我们便感觉不到眼泪的流动。另外，在我们眨眼的时候，眼泪也会被挤入鼻泪管。当我们捧腹大笑时，眼皮会用力闭紧，泪水也会被挤入鼻腔，由于大笑会使鼻腔的压力增大，眼泪不能顺利流入鼻腔，也就是说，我们笑得越久，眼里储存的眼泪就会越多，当眼里的泪水存不住的时候，眼泪就会随着笑声一起落下。

为什么耳朵进水后会听不清声音？

我们的耳朵里有一层透明薄膜叫作鼓膜，当声波进入耳朵时，鼓膜就会振动，声波越强烈，鼓膜的振动幅度越大；声波越微弱，鼓膜的振动幅度越小。鼓膜会把振动信号传递给大脑，这样人就听到了声音。当耳朵进水的时候，声波在耳朵里的传播会受到阻碍，鼓膜的振动幅度会减小，这样大脑接收的信号也会变得微弱，就会觉得声音变小了。

用手指堵住两个耳孔，我们也不能很好地听到声音，这也是一样的道理。不过在做这个小实验之前，一定要先把耳朵里的水清理干净——

你可以侧过头，让耳朵朝下，水自然就流出去了。

为什么人的鼻子有两个孔？

鼻子是我们呼吸的重要器官，可它为什么要有两个孔呢？

鼻子是一个立体的系统，它能吸气，也能呼气。两个鼻孔的构造使我们在呼吸的过程中感觉非常舒服，还能促进体内新陈代谢。两个鼻孔一同工作，还能让它们轮流地休息一会儿，要是一个鼻孔工作太久的话，我们的呼吸就会费力得多。两个鼻孔的结构有益于睡眠，睡觉的时候，我们不需要那么多的氧气，就算有一个鼻孔被堵住了，另一个鼻孔也能维持正常的呼吸工作。

另据一项最新研究显示，两个鼻孔的构造还能使我们闻到更多的味道。

为什么鼻子里会有鼻涕？

我们的鼻孔里有一层厚厚的黏膜，黏膜会分泌出一种黏黏的液体，这就是鼻涕。每个人一天大概要分泌 1000 毫升的鼻涕。

鼻涕看起来脏脏的，很恶心，但也是有益的东西呢！有了鼻涕，我们的鼻黏膜就有了水分的滋润，减少了干燥出血的可能性。鼻涕黏在鼻黏膜上还能阻挡灰尘和细菌。

感冒或是吃到辣味的食物时，鼻黏膜会因受到异常刺激变得兴奋活跃，会分泌出更多的鼻涕，多到溢出来——不要觉得麻烦，轻轻擦掉就可以了。

为什么人会长蛀牙？

有蛀牙的小朋友都知道自己的蛀牙上有小黑点或小黑洞，黑点里面真的住着小虫子吗？为什么会有蛀牙呢？

蛀牙上虽然有洞，但里面并不会住着小虫子：黑洞是由细菌一点一点地腐蚀出来的。我们吃过食物，特别是甜食后，如果不及时刷牙，会有食物的残渣遗留在牙齿表面和缝隙里，这时附着在上面的细菌就会出来"享受"美味——它们分解食物残渣，制造出酸性物质——这些酸性物质会慢慢腐蚀我们的牙齿，时间长了，牙齿表面就会出现腐蚀现象，还会感觉牙疼。

为了不让白白的牙齿上出现难看的黑洞，我们一定要养成及时刷牙的好习惯！

为什么刷完牙后吃东西就觉得没有味道呢？

水果是甜美诱人的，可你要是在刚刷过牙后就迫不及待地品尝水果的味道，你肯定要失望了：你可能会尝到一种奇怪的味道，觉得水果没有那么甘甜了。这是为什么呢？

要知道，我们能够品尝到食物的味道，全靠舌头上负责"品尝"味道的神经，酸甜苦辣都逃不掉。牙膏里含有很多化学物质，通过刷牙，这些化学物质会沾到舌头上，这会降低"品尝"味道的神经的灵敏度，所以，我们在刷完牙后吃什么都会觉得没味道的。

为什么人会说话？

我们每天都要说话，说话时需要张开嘴巴，那说话的声音是从哪来的呢？

其实喉咙才是真正的声音"制造机"，那里面藏着两块能够振动发声的肌肉，叫作声带。声带中间有一条裂缝，空气能从这里进入肺部。我们安静的时候，声带是松弛的；说话的时候，需要先吸一口气暂停呼吸，这时声带肌肉就会变紧，那个缝隙会变得更窄。当空气被释放出去的时候，声带也跟着发生振动，从而引起喉咙里的空气也跟着一起振动，所以就能发出声音。

小朋友要是经常大喊大叫，不保护嗓子的话，就会损坏声带，声音就不那么好听啦！

为什么看到美味的食物会流口水？

松软的面包、香脆的薯片、黄灿灿的炸鸡……光是看到这些字眼，就让人眼馋；要是把这些美味摆在你的面前，你或许就忍不住流出口水了吧！为什么会有这么"丢人"的反应呢？

普通人把这种行为叫作"嘴馋"，但科学家可不这么叫，他们把这种情况称作"条件反射"。就是说，人一旦受到视觉的、听觉的或者嗅觉的刺激，就会产生特定的反应——具体来说，就是你的下丘脑受到刺激，让你流出口水。这就跟你听到"酸梅汤"这个词时会流出口水是一样的。

为什么有人睡觉会流口水？

我们嘴巴里有三对比较大的唾液腺和一些小唾液腺，唾液腺负责分泌唾液，也就是我们常说的口水。白天的时候，我们会不自觉地做一些吞咽的动作，口水就被我们送到胃里面去了；可是到了睡觉的时候，我们的身体肌肉逐渐放松，反射神经也不再紧绷。但是还是会有少量唾液不断分泌，当睡姿不正确的时候口水就会"偷偷"地溜出嘴角。

多数时候，我们睡着了也不会流口水，因为睡着以后，唾液腺分泌出的口水并不多，再加上嘴唇的阻拦，口水是"溜"不出来的。但当我们特别疲劳或是嘴巴闭得不够紧的时候，口水也可能流出嘴角哦。

为什么舌头能尝出味道？

甜的水果、香脆的海苔，所有的美味都要吞进嘴里才能品尝到它的滋味，因为舌头才是名副其实的"美食家"！舌头是怎样"品尝"味道的呢？

要想回答这个问题，请先伸出自己的舌头对着镜子观察一下，是不是舌头的表面有很多颗粒状"小球"呢？这些"小球"就是我们常说的味蕾。

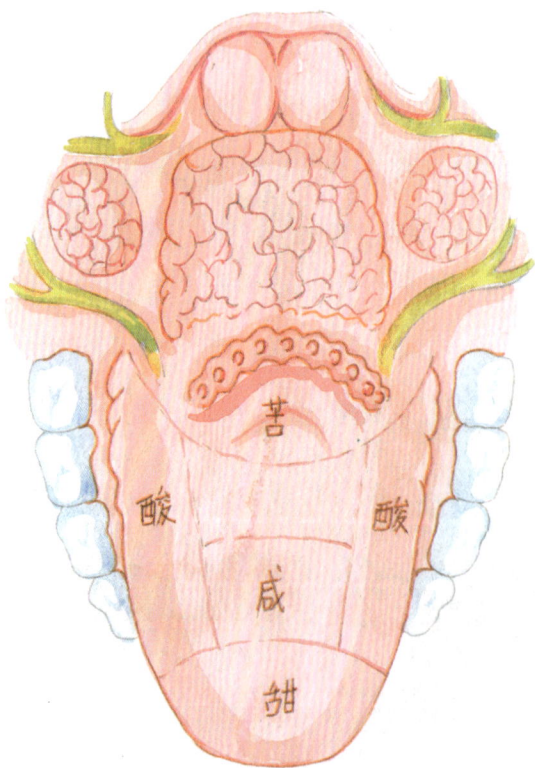

味蕾是由味觉细胞组成的。当食物放入口中时，味蕾能很快"品尝"出食物的味道，然后把这些包含味道的信息传导给感觉神经，再传递到大脑的味觉中枢。这样我们就能知道食物的味道是酸还是甜了。

为什么嘴唇是红色的？

当你照镜子的时候就会发现，嘴唇是我们脸上最鲜艳的地方，因为它有着鲜红透亮的颜色。嘴唇的颜色为什么那么鲜艳呢？

人的脸上有眼睛、鼻子和嘴巴等重要器官，这些器官及其附近分布着大量的血管和毛细血管，这些血管里自然就有大量的血液流动。嘴唇是整个脸部最敏感和柔软的地方之一，血管的分布也比别的地方密集。嘴唇表面的皮肤薄且透明，所以在嘴唇表皮下流过的血液的颜色就会透出来，这样整个嘴唇的颜色就会显得鲜红透亮了。

假如嘴唇的颜色发生了变化，比如红得发紫或苍白无光，就要引起我们的注意了，那是身体生病的一个信号，要及时去医院做检查。

为什么大多数人右手的力气比左手大？

大多数人都是习惯用右手做事的，比如用右手拿筷子、写字，就连托腮这个动作可能也比较偏爱用右手完成。这种情况被称为"右利"现象。

"右利"的习惯是从我们的远古祖先那里继承来的。在石器时代，人类要不断劳动才能活下来，那时候，他们就偏爱右手，拿取、吃饭，用便于右手持握的武器捕猎……在古老的壁画上，我们就能看到人们用右手持武器捕猎的画面。

时间久了，右手的优势越来越明显，而这项技能也被"写"入了我们的基因中，成了我们的先天遗传。不断地使用右手使得我们的左脑更加发达，这样又进一步加强了右手的优势。

为什么有的人有酒窝，有的人没有？

有的小朋友在笑的时候脸上会出现小酒窝，可是另外一些小朋友笑了好久却没有酒窝出现，为什么会有这样的不同呢？

酒窝是面部肌肉相互牵动所产生的面颊凹陷。人体的大部分肌肉是与骨头紧密相连的，但脸上的表情肌却不是这样。它们与面部皮肤的关系更密切一些：当我们做不同表情时，皮肤下面的表情肌会相互牵拉和收缩。能不能有酒窝，跟表情肌的发达程度有关。有的小朋友笑肌不够发达，脸颊又比较瘦的话，笑的时候就不会有酒窝出现了。

25

为什么指纹是独一无二的？

你注意到自己的指纹了吗？是不是跟别人的一点儿也不一样，就连自己的手指上也没有一模一样的指纹呢？这是怎么回事儿？

每个人的指纹都是独一无二的，这种神奇的现象是由遗传基因决定的。更神奇的是，指纹一旦形成，就永远都不会改变了，就算火烧、刀割都不可能改变；即使手指肚大面积受伤，伤好后指纹还能恢复原来的样子。

因为指纹的独特性，警察最终可以找到真正的罪犯。现在还有一种指纹锁，开锁的钥匙是人的指纹。

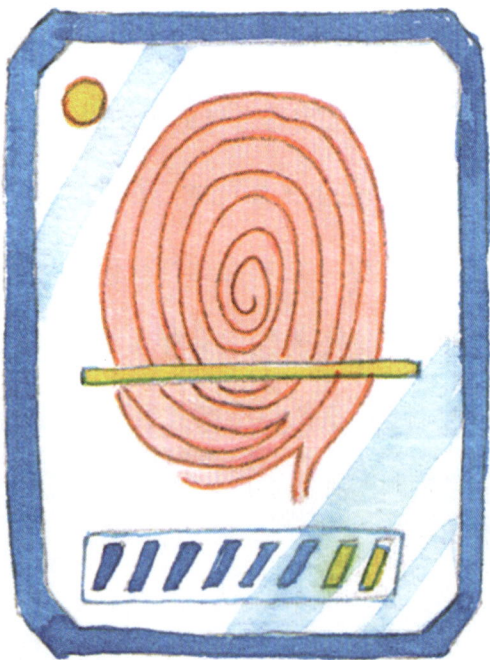

为什么人都有肚脐眼？

眼睛能看、嘴巴能吃、手可以提东西……可肚脐眼好像没什么用啊？它还偏偏长在了身体的正中间，真是奇怪！

肚脐眼看起来确实不像我们的胳膊、腿、鼻子、舌头那么重要，但它对我们非常重要。要是没有肚脐眼，我们根本没法活着来到这个世界。我们在妈妈的子宫里时，脐带是我们和母亲连接在一起的唯一的通道，有了它，妈妈摄入的营养才能顺利进入我们的身体，我们才能一点点地长大。在我们出生的时候，我们就会离开妈妈的身体，连接我们和妈妈的脐带就会被医生剪断，这条被剪断的脐带留下的痕迹长好后就变成了肚脐眼。

为什么人的身上会搓出污垢？

洗澡的时候，我们会从皮肤上搓下一层污垢，有时甚至会像一条条小泥鳅。然而我们却完全不必难为情，因为这正常极了——这些"小泥鳅"只是脱落下来的没有生命的皮肤细胞而已。

人的皮肤是由数不清的细胞组成的，这些细胞在没有老化脱落之前一直为我们的健康保驾护航。它们能够减缓体内水分的散失，也能帮助我们把灰尘和病菌挡在身体之外。当有一批新的皮肤细胞出现，一批老的皮肤细胞就会被替代。它们会附着在我们的皮肤外面，只要轻轻一搓就会离开身体，变成污垢了。

但有一点很重要：洗澡时不要搓得太用力，否则皮肤会很痒的。

为什么大拇指只有两节？

伸出手掌，你会发现有四根手指是由三节指节组成的，只有大拇指少了一段，仅有两节，这是为什么呢？

这是一种自然的选择：对大拇指来说，两节手指是最合适的。假如大拇指仅有一节，那未免就太短了，跟其他指头无法正常配合，会握不住东西；假如大拇指有三节的话，它又变得软弱无力，没法提起重物。在古猿进化的过程中，由于经常使用工具，拇指的功能也逐渐固定，在进化发展中变得更加粗壮有力，以便与其他四指更好地配合。于是，人类便将这个优点继承了下来。

为什么人会感觉到疼？

疼痛也被称为"上帝的惩罚"，是人类感觉的一种，就和视觉、听觉以及嗅觉一样，只是有些难熬。

疼痛的滋味虽然不好受，但那是你的大脑在向你发出提醒和警告，也是一种防护。疼痛的感觉来自于皮肤或肠胃上的痛感细胞，它们处于神经末梢，当它们受到刺激，会立即把这种信号传递给神经，从而最终传递给大脑。比如，在手指碰到尖锐的物体时，我们会马上感觉疼痛，大脑也会在第一时间做出应对——马上远离尖锐物体，它会让你受到伤害。有了这样的"预警"，我们就知道该怎么做了。

为什么不能往伤口上撒盐？

不要往别人的伤口上撒盐。这不单单是"要体谅别人"这种说法的一个比喻，其中还蕴含着小小的科学常识呢！

如果你不小心弄伤了自己，又不小心把盐粒撒到伤口上，那可是一件糟糕的事情呢。掉到伤口上的盐粒会溶解于伤口中渗出的体液；盐分溶于水后会形成盐溶液，这种高于细胞内体液浓度的盐溶液会让附近所有的细胞脱水，以致让伤口周围的细胞死亡。这样会增加细胞愈合和恢复的强度，不利于伤口的愈合。

另外，皮肤中有很多感觉神经末梢，比如专门向大脑传递疼痛感的痛觉细胞；皮肤有了伤口，痛觉细胞也会更加敏感，伤口上的盐粒会刺激痛觉细胞，人会觉得伤口格外疼。

为什么人会有冷和热的感觉？

冬天到了，我们要穿上厚厚的棉衣，不然会感觉很冷；夏天一来，我们又要换上清凉的短袖，因为天气实在太热了。冷和热的感觉是从哪儿来的呢？

人的皮肤里藏有两种不同的温度感受器，一种能够感受到冷，叫作冷感受器；另一种专门感受热，叫作热感受器。当皮肤接触到寒冷的空气时，冷感受器会处于兴奋状态，把这信息传输到大脑神经里，人体就会感到冷；当皮肤接触到热的空气时，热感受器也会做出同样的反应，大脑就会向人发出通知："你有点热了。"

为什么血液是红色的？

红、橙、黄、绿、青、蓝、紫……世界上的颜色多得数不清。你想过吗？为什么血液偏偏是红色的呢？这其中的奥秘就在于血液中的血红蛋白。红色的血红蛋白是红细胞的重要组成部分。数不清的由血红蛋白组成的红细胞与血浆融合在一起，在我们的血管里汇聚流淌成为红色的血液。

血红蛋白虽然小得连肉眼都看不见，可它们却是我们体内伟大的"运输官"——血红蛋白能携带氧气，通过血液流动将氧气运送到身体的各个组织器官，然后带走组织器官活动所产生的二氧化碳和垃圾。携带氧气的血红蛋白的颜色是鲜红明亮的，但当它在体内流动通过身体各个组织和细胞后，血红蛋白的携氧量会逐渐减少，颜色也会逐渐变得暗沉。血液在我们的全身流动。低头看看你的皮肤吧，是不是也呈现出淡淡的粉红色呢？

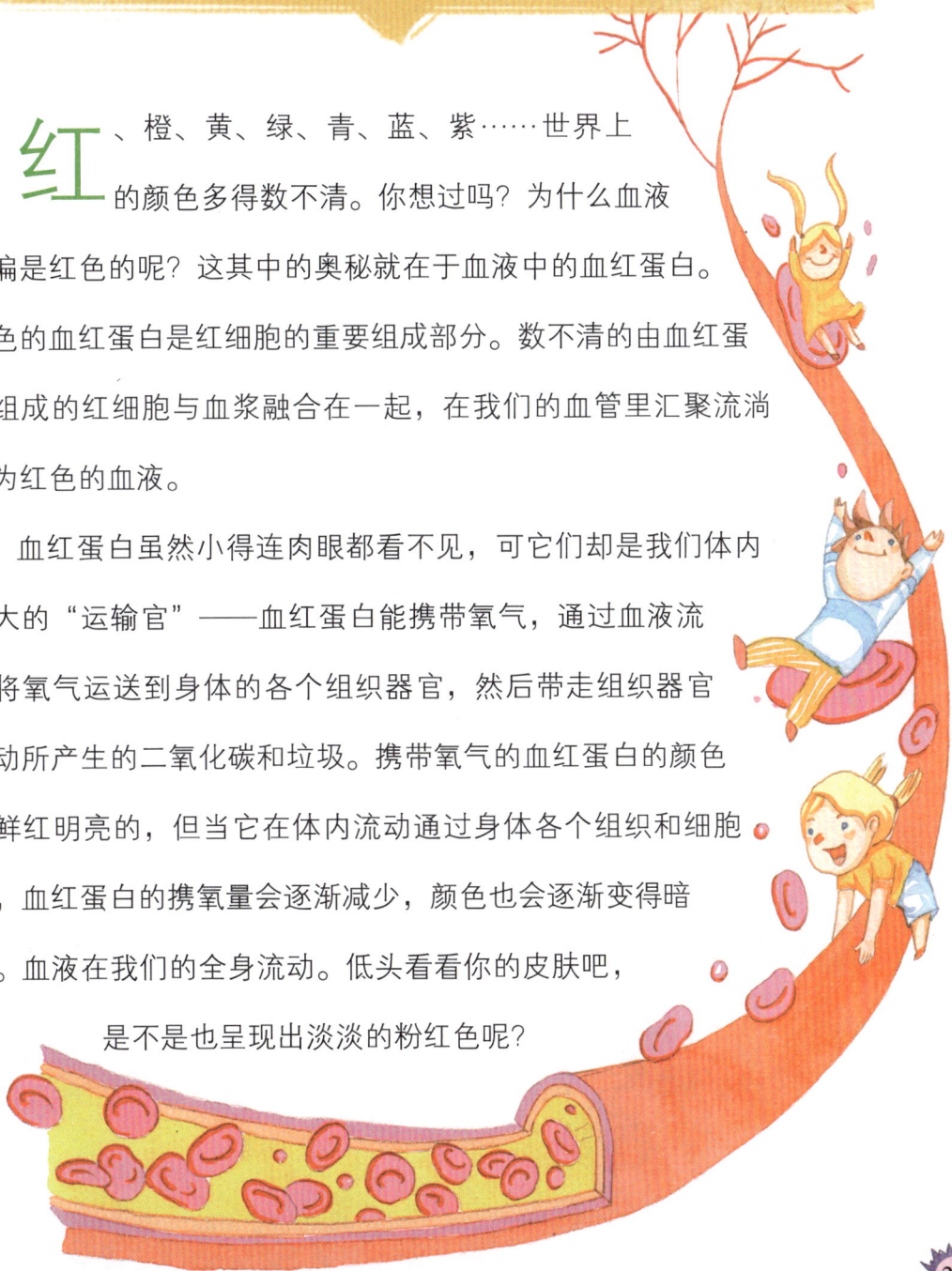

白细胞是如何保护人体的？

白细胞跟红细胞一样有名，还是我们体内最重要的抗病毒小"卫士"。体积最小的白细胞是淋巴细胞。

平常的时候，白细胞在我们的血液或是其他类型的体液中"巡逻"，任务是及早地发现那些侵入人体的细菌、病毒之类的微生物。为了不让它们在我们体内作乱，白细胞会采取各种方式将它们立即消灭。

当病毒出现并被白细胞"确认"以后，白细胞会大量聚集到病毒出现的地方，并立即改变形状，将病毒细胞包围起来；接着，白细胞会释放强力消化酶，杀死和"吞掉"病毒；最后，那些不能被"消化"的废物会被白细胞排出，变成人体的"垃圾"，渐渐排出体外。

为什么跑步时心跳会加快？

我们的心脏每时每刻都在跳动，但平时，我们几乎感觉不到；可是在我们跑步的时候，就会感觉到心脏"怦怦"地跳个不停，速度也比平时更快，这是为什么呢？

我们在运动的时候，身体所需要的氧气和能量比平时多很多，为了维持能量的输送，心脏必须跳得更快，这样才能输出更多的血液，把更多的能量和氧气运送到身体的各个器官中。跑步的时候，我们的心脏会跳得更快，就连呼吸的次数也比平时多很多，因为我们需要吸入更多氧气，排出更多废气。

为什么人生病时会发热？

要回答这个问题，我们首先得明白，人为什么会得病。当有细菌和病毒闯进我们的体内时，细菌和病毒分泌的有毒物质会在我们的身体中扩散，人就有可能生病。在细菌和病毒的刺激下，人的免疫系统会自动防御，利用升高体温等反应来杀灭病菌。所谓的体温升高也就是我们常说的发热。在这种情况下，血液中的白细胞也会第一时间活跃起来，勇敢地与细菌和病毒做斗争，将它们彻底杀死。

发热是一种身体防御保护机制，如果你的身体出现发热的情况，那就是你的身体在提醒你——你生病了，要及时去看医生。

为什么有人睡觉时会打呼噜？

你有过这样的经历吗？睡得正香甜呢，却被别人巨大的呼噜声吵醒了，真是令人痛苦。"呼噜声"是怎么来的呢？

打呼噜，又叫打鼾。打鼾者气道通常比正常人狭窄，白天清醒时咽喉处于工作状态，气道通畅，不发生堵塞。但夜间睡眠时神经兴奋性下降，软腭肌肉松弛下垂，咽部组织发生堵塞，使上气道塌陷，当气流通过狭窄部位时便会聚集在一起，并引起振动，从而出现鼾声。

对于那些偶尔打鼾的人来说，他们在睡眠时，如果鼻子呼吸不畅通，就会不自觉地用嘴呼吸，吸气的时候，口腔里的软腭也会受到"冲击"，产生振动，呼噜声也会随之而来。

为什么肚子里会发出 "咕咕" 的声音？

有的时候，除了我们的嘴巴，身体的其他器官也会发出声音，比如肚子里就传出过"咕咕"的声音。这种肚子里发出的声音是在表达意见，还是有别的原因呢？

当食物被我们咀嚼吞咽后，进入的第一个中转站就是胃，在这里，食物会被研磨分解，然后分门别类地输送到下一环节。在运送过程中，这些分解的食物中可能还掺杂着一些空气或液体，在它们一起向下运动时，胃肠道里就传出"咕咕"的声音。有意思的是，这叫声响起来的时候，我们会觉得肚子空空的，想要吃些东西来填满它。

为什么会有人分不清红和绿？

红色和绿色是最常见的颜色，可有人偏偏就是分不清，真是太奇怪了，为什么会这样呢？

我们能看到颜色，是因为视网膜上有一种锥体感光细胞，它能够感受到物体的颜色；正常人的锥体细胞中有三种感光细胞，它们对红、蓝、绿这三种颜色最为敏感。

当我们看见颜色并把它投射在人眼的视网膜上时，三种感光细胞会立即开始工作，分析三种颜色光谱的强弱，最终告诉我们的大脑我们看到的究竟是什么颜色。可是有些人视网膜上三种感光细胞有缺陷，就很难辨别颜色了。有人缺乏感受红色的细胞，就被称为红色盲；有人缺乏感受绿色的细胞，就是绿色盲。

为什么有的屁奇臭无比？

有时候，我们"不小心"就会放屁，有的屁安静无味，让人放心；可有的屁则奇臭无比，真是让人害羞极了。为什么会有臭臭的屁呢？屁虽然是一种气体，但它的组成成分却很复杂，其中多含有氧、氮、甲烷、吲哚和粪臭素等多种物质。其中吲哚和粪臭素等物质便是臭味的来源。

那吲哚和粪臭素又是从哪儿来的呢？我们吃下的食物要在大肠里进行最后的分解，其中肉类便能分解出较多的吲哚、粪臭素以及硫化氢等物质。其实屁中很臭的部分分子跟大便中很臭的部分分子有相似的结构，所以屁越臭，大便也就会越臭。消化不好的时候，肠胃里会积攒很多没消化的食物残渣，它们留在肠子里不断发酵，这会让我们的屁更加臭不可闻。

为什么人会起"鸡皮疙瘩"?

一阵冷风吹来的时候，我们的胳膊或腿部会立即冒出一些小疙瘩，这就是俗称的"鸡皮疙瘩"。这些小疙瘩总是出人意料地鼓起，过一会儿又会自动消失，难道这些神出鬼没的"鸡皮疙瘩"是藏在我们的皮肤下面的吗？

身体感到寒冷时，皮肤上的小汗毛就会立即行动起来，站成一排小森林，形成一道天然的屏障，使体内的热量不会通过皮肤表面张开的毛孔轻易流失，不让我们的身体变得太冷。汗毛竖立的时候，汗毛下面的毛根和皮肤也会被带动，这时不但汗毛会直立起来，皮肤表面也会鼓起一个个鸡皮疙瘩。

为什么伤口会自动愈合？

不小心划破或是擦伤皮肤时，皮肤上就会出现伤口，如果伤口比较深，还会流血。这是因为我们皮肤表层下的血管受到损伤而破裂。不过不用担心，我们的皮肤还有神奇的"自愈"功能。

伤口出现后，我们体内的血小板会立即"赶到"伤口处集合，把血管破裂的地方"堵上"。血小板会使血液变得浓稠，并且越来越硬，形成小血块用以止血。随后，凝固的血块还会变成坚硬的痂。这个硬痂要过一段时间才会脱落。

硬痂脱落后，我们的皮肤表面已经长出了粉嫩的新皮肤，就像没有受伤时一样——只是在新皮肤生长的过程中，我们会觉得有点痒。

为什么人害羞时会脸红？

你有过害羞的经历吗？照照镜子，摸摸脸蛋，害羞的时候是不是觉得脸蛋又红又烫的？为什么会这样呢？

当你害羞的时候，你的神经会格外紧张，而负责心脏和血管的神经会更加兴奋，它们会让心脏跳得更快，脸上的毛细血管也随之开始扩张，这时候，会有大量的血液流入脸部血管，自然就出现"大红脸"了。要是你因为害羞而生气的话，你的小脸蛋还会出现一阵红、一阵白的有趣变化呢！当然，我可不希望你遭遇这种"尴尬"。

为什么小孩的记忆比大人好，人老会健忘？

你和爷爷奶奶在一起生活过吗？你有没有发现，爷爷奶奶的记忆力有时还不如你这个小朋友呢？为什么会这样？

人会有记忆，是因为外界事物的刺激让我们的大脑皮质产生了兴奋，从而对这个事物产生了关注和联想——也就是说，当条件和信息足够引发类似关注时，我们就能反应并回忆起相关事件。人年轻的时候，大脑的活跃度高，精力也更加集中，所以很容易记住一些事情。而老年人年岁大了，大脑的功能逐步退化，建立新的映射关联也越来越难，所以他们常常"转头就忘"。但是这不影响他们回忆很久之前的事情，因为那是他们牢牢记在脑子里的。

为什么人会出汗？

天气热了，我们会出汗；奔跑过后，我们也会出汗；就连被人吓了一跳时，身体也会不自觉地冒汗。身上的汗水都是从哪儿来的呢？

汗是汗腺分泌出的体液。平时，人的体温都在 36~37℃左右，这让我们感觉舒服。当我们吃过饭后，身体会获得新能量，这些能量一部分用于学习、运动，另一部分则会转化成身体必需的能量。其中有一部分能量还会转化成热量通过皮肤散发出去。夏天天气炎热，我们会感觉不舒服，身体会通过汗腺排汗降低体温。此外，汗腺还会因受到情绪、运动强度等因素的刺激而分泌汗液。

为什么人没有长尾巴？

小猫、小狗、小兔子都有尾巴，我们人类的近亲——大猩猩也拖着长尾巴四处奔跑。这些动物的习性决定它们必须有一条尾巴来保持身体的平衡或进行别的活动。不过我们人类就用不到尾巴了。

在我们的祖先还没有进化成猿人的时候，身后也是拖着尾巴的；但在数百万年的劳动和进化过程中，人类祖先的四肢慢慢变成了双手和双脚，大脑也比过去聪明多了，尾巴也没什么用处了。在漫长的发展过程中，类人猿的尾巴越来越短，直至最后消失不见了。

不过我们身上还有一个证明祖先曾经长过尾巴的小证据——摸摸你的屁股后面你就知道了，因为那里还有一块突出的尾骨呢！

为什么人会做梦？

你做过梦吗？梦里是不是感觉很神奇，我们可能悲伤，也可能很疯狂，甚至还能飞起来。梦到底是怎么形成的呢？

人睡着以后，身体虽然已经放松下来，就连人体的"司令部"——大脑也逐渐进入了抑制状态。可是有一部分神经细胞并没有老老实实地"睡觉"，而是继续保持活跃和兴奋的状态，因为它们在我们休息的时候仍然向大脑发送信息，所以我们在睡眠中会有梦境出现。至于梦的内容虽然千奇百怪，但却与睡眠中仍旧保持兴奋的神经传递的内容息息相关：憋尿的人，可能就会在梦里到处找厕所；而沉迷某个游戏或是动画片的人，可能会在梦里继续白天的游戏或是动画片。

做梦很有趣吧？你还记得昨天的梦吗？

为什么爸爸的喉咙那么突出，妈妈的喉咙却不大明显呢？

每个人的喉咙处都有一个喉结。在青春期之前，男生和女生的喉结都一样是不明显的，当人长到十三四岁进入青春期的时候，喉结也会因性别的影响而发育有所不同。男生在雄性激素的刺激下，声带向前后发育，所以喉结变大，也会越来越突出；而女生体内的雄性激素较少，声带发展就比较均衡，看起来就没有那么突出了。

不过也有女生喉结发育比较突出的情况，但你千万不要用不礼貌的眼光看她们，个体的发育是有差异的，没什么奇怪的。

喉结的发育会影响男生和女生的音调，因此，成年男性声音多数较为低沉，而成年女性的嗓音依然保持着高亢，跟小时候的声音差不多。

为什么爸爸会长胡子？

爸爸每天都要刮胡子，可妈妈却从来不长胡子，这是为什么呢？

男生和女生在进入青春期后，身体逐渐发育成熟，差距也会越来越明显。男生会分泌更多的雄性激素，促使他们长出又黑又硬的毛发，胡子也是毛发的一种；女生的雄性激素很少，更多的是雌性激素，所以，女生的头发大多是又软又细的，颜色也更浅。

在青春期，有些女生的嘴唇边也会长出"胡子"，不要担心，那只不过是她们多长了一些汗毛而已；青春期一过，这些浓密的汗毛就会自动消失。

为什么人一生要长两副牙齿？

与身体的其他器官相比，牙齿的神奇之处在于：人的一生会长出两副牙齿，也就是说，每个人都有一次"换牙"的经历。

小朋友刚出生没几个月的时候，就开始长牙，这时候冒出来的牙齿就是我们常说的"乳牙"。乳牙很小，不耐磨。乳牙一共有 20 颗。

到 6 岁时，小朋友就会开始掉牙，这样才能长出新的牙齿；新长出来的牙齿就是"恒牙"。恒牙的体积较大，坚固耐磨，一共有 32 颗。

乳牙和恒牙虽然不同，但是都能帮助我们咀嚼食物，吸收营养。我们要爱护牙齿，好好刷牙，这样牙齿才不会疼。

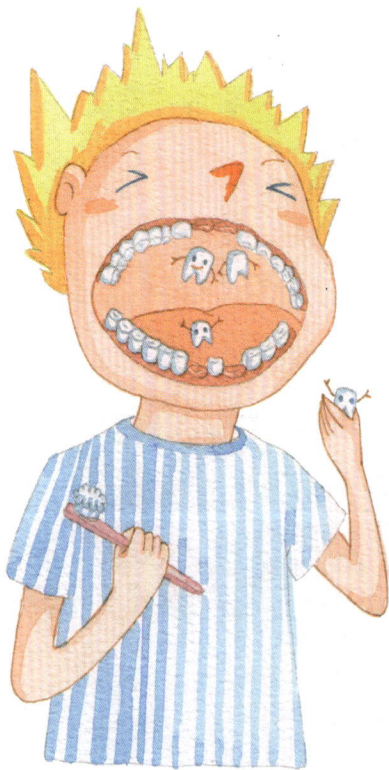

我们为什么会打嗝？

有的时候，人好端端的却忽然打嗝不止，既尴尬又难受，这是怎么回事呢？

打嗝与膈的收缩有关。膈长在人的胸腔与腹腔之间，是一个把胸腔和腹腔分隔开来的肌性结构。它能够帮助我们呼吸。有时候，这层膈忽然"不听话"地收缩不止，这样就会把空气忽然带入气管，从而导致声带的暂时关闭——这时我们就会发出一声接一声的"嗝嗝"声。

要是有人打嗝不止的话，你可以告诉他：轻轻按摩胃部，再喝上一口温热的水能有效地缓解打嗝的症状；或者用手捂住自己的鼻子和嘴，然后再有意识地调节呼吸的节奏，这样打嗝就会慢慢停止了。

Ge···Ge···Ge···Ge

为什么人老了头发会变白？

毛发的根部有毛囊，毛囊中有一种被称作黑色素的蛋白质，它能决定我们的头发是黑还是白；黑色素多的时候，它们可以合成大量黑色素颗粒，我们的头发就是黑色的；黑色素要是变少了，头发里面的黑色素颗粒减少，头发就会慢慢变白，甚至变成满头白发。老人家身体功能降低，头发的毛囊里储藏的黑色素越来越少，所以他们的头发就会变白。

有些年轻人也会长白头发，那有可能是遗传，也有可能是营养不均衡，缺乏某些微量元素；还有可能是他遇到了解决不了的烦心事，愁白了头。

为什么人的身高不一样？

人的身高不同是很正常的，因为影响人个头高矮的因素很多。概括来说，人的身高与先天遗传和后天环境有关。

就拿遗传来说吧，要是父母都是高个子，那么孩子长得高的概率也比较大；要是父母个子矮的话，孩子很可能会遗传到一个小个子的身体。

环境因素包括日常体育锻炼和摄入营养情况也对身高有一定影响。长身体的时候，我们锻炼得越多，就越有可能长高。在营养方面，如果我们不挑食，什么营养都不缺，那么，我们也会长得很高，有一个好身体。

科学家还有一个重要的发现，人体会在夜里分泌出更多的生长激素，因此，晚上睡眠质量好的孩子长高的概率较大。

为什么被蚊子叮了以后会感觉痒痒的？

夏天的时候，可恶的蚊子总要趁人不注意的时候叮人，让人又痒又气。

蚊子在叮人的时候会吸走人的血液，同时还会在血管中注射几种特殊的蛋白质混合物，即蚊子唾液蛋白。这种蚊子唾液蛋白中含有一种能够延迟血液凝固的成分。当蚊子唾液蛋白进入人体内的时候，人体内的免疫组织会释放一种蛋白质来对抗外来蛋白质，被叮咬的部位也会因此产生过敏反应，叮咬的部分会鼓起大包，也会变得痒痒的，让人忍不住想去抓挠几下。

另外，要想让蚊子远离你，你最好勤洗手脚，保持干净卫生。因为蚊子喜欢脚上细菌散发的臭臭的味道。

为什么尿液是黄色的？

小便过后，总有一股难闻的气味，我们会飞快地按动冲水按钮，直到把黄色的液体冲走才罢休。可是你想过那些黄色的液体是怎么来的吗？

当我们身体里的器官排出了多余的水、盐等废物后，肾脏就会发挥功能，将它们集中在膀胱里，最后排出体外。这些被排出体外的液体就是尿液。尿液中有尿胆素原，尿胆素原被空气氧化后形成尿胆色素，呈黄色。

人的身体生病时，小便的颜色也会发生变化，所以，医生会通过尿检帮助病人确诊。

为什么人能直立行走？

人类是世界上最活跃的群体之一，可是你注意到了吗，绝大多数动物都是四腿着地行走的，只有我们人类可以挺胸抬头地直立行走。大猩猩虽然也用两条腿行走，可是姿势却与我们不同。这是因为，大猩猩和人类的骨骼结构大不相同。人类站立时，身体的重心在一条直线上；大猩猩的膝盖部位却是弯曲的，整个身体相对地面来说也是倾斜的。

不过人类能有这样独特的行走姿势可是非常不容易的，我们的祖先经过了几百万年的进化才获得了如此巨大的成功。

为什么人的皮肤颜色不同？

为什么不同国家的人，肤色也不同呢？有的肤色很白，有的肤色偏黑，而中国人的皮肤则是黄色的。为什么人的皮肤会有不同的颜色呢？

我们的身体里有一种天然色素——黑色素；黑色素的多少会影响到皮肤的颜色，黑色素越多，人的肤色也就越深。

黑色素可以让我们的皮肤在紫外线照射下得到很好的保护。在面对强烈的日照环境时，黑色素越多，人们抵抗有害紫外线的能力就越强。所以生活在热带地区的人，肤色普遍较黑，而生活在远离赤道的地方的人们，肤色就会更白皙。

为什么人有时可以"一心二用"？

在回答这个问题之前，你可以尝试做一个实验。在你用左手画方形的时候，同时用右手画三角形。怎么样，是不是手忙脚乱的？接下来，你可以再做一个实验：尝试一边走路，一边与人交谈。这个实验是不是获得了成功？为什么我们有的时候就可以"一心二用"呢？

"一心二用"有两个前提：一是熟练度，二是两件事分别由大脑的不同区域来控制。

走路对于我们来说，已经熟悉得不能再熟悉了，你已经练习了千百遍了。大脑和腿脚之间已经达成高度的默契。所以，在走路的时候，你的大脑兴奋点也可以转移到另一件事，比如看风景或是聊天上来，这样你就实现了"一心二用"。另外，语言和运动由大脑中不同区域的神经中枢来控制，它们可以同时进行。

为什么人在经历极端事件后会有部分失忆的情况发生？

记忆是人的基本技能，它分为瞬时记忆、短期记忆和长期记忆三种。瞬时记忆可以转化为短期记忆，短期记忆也会通过反复记忆和强化转变成长期记忆。这些记忆会根据具体情况被存储到大脑的不同部位中。

这个负责存储记忆的大脑区域被叫作海马体。它就好像是我们人类记忆的保险箱一样。

此外，海马体还有一个神奇之处：对于那些给人带来巨大伤痛或是让人压力倍增的事件，海马体能消除部分记忆内容、弱化记忆感受，就像"失忆"了一样；这一功能的作用是让记忆里的事情更能被我们接受。

为什么说大脑是人体的"司令部"？

我们都听过这样一句话——"大脑是人体的司令部"，这会不会太夸张了？

这话一点儿都不夸张。我们的身体是一个由很多器官组成的超级复杂精密的集合体，每时每刻都有数不清的细胞在精密地协作，这一切有大部分都是大脑的功劳。大脑位于脑部的上端，外形看上去跟核桃仁差不多，但个头可比核桃仁大好多倍；大脑分为左脑和右脑两大部分，左脑负责右侧身体的活动，右脑管理左侧身体的活动，它们各司其职，要是某个半脑的指挥出现问题，那它所管理的那侧身体也会出现"不听指挥"的现象。

给奇思妙想一个科学的答案
神奇的问题
第一辑

科学大"真"探

Life

生活

OK!

黄春凯/主编　　赵冬梅/绘

CO_2　CO_2

CO_2

黑龙江科学技术出版社
HEILONGJIANG SCIENCE AND TECHNOLOGY PRESS

SHENQIDEWENTI

图书在版编目（CIP）数据

　　科学大"真"探 . 3, 生活 / 马万霞主编；黄春凯
分册主编；赵东梅绘 . -- 哈尔滨：黑龙江科学技术出
版社 , 2019.1
　　（神奇的问题：给奇思妙想一个科学的答案 . 第一
辑 ）
　　ISBN 978-7-5388-9867-5

　　Ⅰ . ①科… Ⅱ . ①马… ②黄… ③赵… Ⅲ . ①科学知
识 - 儿童读物②生活 - 知识 - 儿童读物 Ⅳ . ① Z228.1
② TS976.3-49

　　中国版本图书馆 CIP 数据核字 (2018) 第 221400 号

科学大"真"探·生活
KEXUE DA "ZHEN" TAN·SHENGHUO

黄春凯 主编　　赵东梅 绘

项目总监	薛方闻
策划编辑	孙　勃
责任编辑	孙　勃　梁祥崇
封面设计	青　雨
出　版	黑龙江科学技术出版社
	地址：哈尔滨市南岗区公安街 70-2 号　邮编：150007
	电话：（0451）53642106　传真：（0451）53642143
	网址：www.lkcbs.cn
发　行	全国新华书店
印　刷	天津盛辉印刷有限公司
开　本	787 mm × 1092 mm　1/16
印　张	4
字　数	50 千字
版　次	2019 年 1 月第 1 版
印　次	2019 年 1 月第 1 次印刷
书　号	ISBN 978-7-5388-9867-5
定　价	128.00 元（全四册）

Contents 目录

杯子里的水怎么总是倒不干净？

不知道你注意过没有，在我们端起杯子倒水的时候，无论我们怎样倾倒，杯子里总还有一些残留的水滴，甩也甩不干净。

杯子里的水看似静止，其实却是几个力共同作用的结果，比如地心引力、水分子表面的张力，就连杯子和水分子之间也存在互相吸引的力。因为水和杯子之间的引力很大，所以，总会有一些水滴贴着杯子壁，怎么倒也倒不干净。

因为水的表面张力大，所以杯子上残留的水滴是一滴一滴分散排列的。

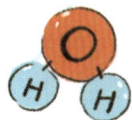

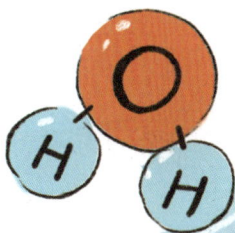

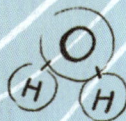

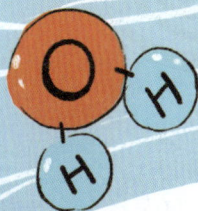

为什么方便面是弯弯曲曲的？

方便面的制作可以分为和面、压面、切面、蒸煮和油炸等步骤。让方便面变弯曲是在切面这一环节完成的，面条经过切面机时，切面机特殊的构造让切出来的面条挤压在一起，形成了弯弯曲曲的样子。

煮的时候，如果面条是直的，他们就会粘在一起，不容易煮熟；而且弯曲的面条之间会有很多空隙，热能就能均匀地在面条之间传导，面条熟得也快；另外弯曲的面条有弹性，运输的过程中不容易断裂。

最后，弯曲的面条更容易包装，还能节约包装空间。因此售卖这种弯曲的方便面的地方随处可见。

面包里面为什么有很多小洞？

松软香甜的面包是以面粉为主要原料制成的，在和面的时候，要在面中撒一些酵母粉。酵母属于益生菌，它们在一定的温度条件下会大量繁殖，能分解出各种有益的物质。在面团发酵过程中还会产生大量二氧化碳，这些二氧化碳气泡隐藏在面团的面筋里，使面筋变得像海绵一样有很多小孔。当面包送入烤箱以后，在高温环境下，面团里的二氧化碳会因为受热膨胀，孔隙变大。当烤面包从烤箱中拿出来切片时，里面的小洞洞就露出来了。

3

为什么多吃糖会长蛀牙？

蛀牙的学名叫龋齿，小朋友都管它叫虫牙。要是谁长了龋齿，那他的牙齿上一定会有黑黑的小洞，好像里面住着虫子似的，听着就够可怕的了。

为什么长蛀牙？罪魁祸首就是牙齿上残留的糖了。没有节制地吃糖，吃完后不漱口、不刷牙的小朋友，是最容易长蛀牙的。我们的牙齿表面和缝隙中藏着很多细菌，其中有一类细菌就是致龋菌，它们最喜欢的美味就是糖。糖果的汁液残留在牙齿缝里，这会让致龋菌大量繁殖——时间长了，牙齿表面就有蛀蚀的痕迹了。

是不是很可怕？我们一定要及时漱口或是刷牙，保持口腔卫生才能有效地远离蛀牙啊！

为什么吃完辣椒，舌头会感觉火辣辣的？

我们经常说"酸、甜、苦、辣"，好像辣也是几种常见的味道之一，但是严格说来，"辣"并不算一种味道，它只是一种感觉。辣椒中含有一种叫作"辣椒素"的生物碱，当我们把辣椒放入口中咀嚼的时候，辣椒素和人体内的感觉神经进行接触，在我们的舌头上产生灼烧的感觉，觉得整个舌头都是火辣辣的，这就是"辣"的来源。

好在这种火辣辣的感觉不会持续很久，短暂的灼烧感过后，我们的舌头就会感觉好很多。所以，好多人对辣椒都是又爱又恨的。

如果你很怕辣，又想尝试吃一点儿辣椒的话，最好在餐桌上准备一杯牛奶，当你感觉辣的时候立即喝几口牛奶，它能帮你缓解辣。

能不能只喝可乐，不喝水？

可乐喝起来甜极了，它被吞下的整个过程也会让人感觉很爽。于是，有些小朋友干脆决定以后只喝可乐，不喝水了。但我要告诉你，千万别这样做。

可乐非常甜，是因为里面含有太多的糖分，只要喝上一听，那里面的糖分就足以满足你一天活动所需要的糖分总量了。要是你一直喝下去，体内多余的糖分就会被转化为脂肪储存起来。那么，你就会在不知不觉中发胖了。

肥胖是会减少人的寿命的。此外，过多的糖分会增加患上糖尿病、高血压以及高酯血症的风险，这几种疾病都是很难治愈的。

还有，糖分会导致龋齿并使骨骼中的钙流失。骨骼缺钙严重的时候，即使一次小小的冲撞也可能导致你出现骨折的惨痛后果。

为什么肥皂泡泡进入眼睛里，眼睛会觉得痛呢？

小朋友们都有不小心的时候，特别是当你不小心让肥皂泡泡进入眼睛里的时候，你肯定痛得哇哇大哭吧？怎么会那么痛呢？

我们的眼睛里有很多血管和神经，它们非常敏感。哪怕一点点刺激，它们都会产生很大的应激反应：眼睛会一下子肿起来，还会出现血丝。肥皂泡泡是弱碱性的，进入眼睛里会改变眼部体液的浓度，对眼睛来说，这种感觉就像很多小沙子同时闯进来一样，痛极了。

如果肥皂泡泡进了眼睛，千万不要慌，用洁净的水不断冲洗眼球，一会儿就不疼了。

为什么没有装得满满的灌装饮料？

自然界中存在一种"热胀冷缩"的现象。就是说，当温度升高时，物体会膨胀；当温度降低时，物体会缩小。要是饮料瓶被灌得满满的，如果它被送到温度较高的地方时，瓶内饮料的体积就会增加，会增大瓶子内部压力。严重的话，瓶盖可能会被瓶内压力冲破，甚至还可能出现整个饮料瓶"炸裂"的情况，这是非常危险的。

另外，许多饮料都是酸性饮料，如果发生泄露，饮料会与包装物或与运输工具发生化学反应。为了避免这种情况的发生，饮料瓶都不会罐装得太满。

为什么不能往冰凉的玻璃杯里倒开水？

如果玻璃杯刚从冰箱里拿出来的话，千万不要立即向里面倒热开水，因为那会让玻璃杯炸裂的。

我们已经知道热胀冷缩的现象。如果凉玻璃杯中忽然被倒入了热开水，玻璃杯的内壁突然受热会迅速膨胀，可是玻璃杯的外壁却没有受热膨胀，还保持着原来的样子，那么，玻璃杯自然会因为内外壁受热不均导致炸裂了。

你知道吗？玻璃杯的玻璃越厚，它遇到开水时就越容易炸裂。因为玻璃杯越薄，在倒入热水后热量传遍整个玻璃杯就越快，受热就越均匀。玻璃杯内外同时膨胀，也就没那么容易破裂了。厚玻璃杯传热慢，所以更加危险。

为什么洗涤剂能去除污渍?

衣 服脏了,或碗、盘脏了,我们都得用洗涤剂去清洗,因为它们能快速去除污渍。

洗涤剂可以增强污渍的分散和悬浮能力,是因为洗涤剂中含有表面活性剂。表面活性剂具有亲油的特性,当它遇到油污时,会将油脂分散成一个个"小球",还能把一个个的"油脂球"包裹起来,让这些被包裹起来的"油脂球"不会重新聚集在一起。

洗好之后,只要将脏水倒掉,污渍也就跟着不见了。

为什么羽绒服让人感觉暖和？

寒冷的冬天，人的体温要比室外的温度高，这时候在室外活动，人体的热量就会向外散发。人为了保持体温，人们必须想办法阻止热量的散失。最好的办法就是穿上羽绒服。

羽绒服内填充的物质以动物的羽绒为主，比如鸭绒或鹅绒，它们具有轻巧、柔软、蓬松的特点。当人穿上羽绒服后，羽绒之间的空气层会把人体"包裹"起来，避免接触冷空气，就可以阻止了人体热量的散失。这样，人体的热量就被保存在羽绒服内了，就会觉得暖和了。

为什么影子总跟着我走？

为什么会有影子呢？当光线照射在不透光的物体上，比如人的身上时，光线就被身体挡住，光照无法直射人身后的地方，身后的光线就会变暗，从而出现了影子。所以，站在阳光下的我们，每个人身后都会有影子——你走，影子也跟着走；你停下来，影子也变得老老实实的，一动不动。

如果想要"甩"掉这个影子，你有两个办法：一是生活在没有光亮的地方；二是变成透明人。但我们不能离开光，也不可能让自己变成透明人，所以我们根本不可能真的"甩"掉自己的影子，只能让它跟着，我们也就会一直"形影不离"。

为什么在泥地里骑车格外费力?

场大雨过后，干燥的土地吸收了大量雨水，就会变成泥地。

如果你在这个时候骑自行车经过泥地的话，会感觉格外费力。

这是因为在湿软的泥地，车轮很容易陷进泥地里。湿软的泥土会吸住车轮，它们给车轮带来了更大的摩擦力。要克服这个摩擦力，让自行车轮前进，骑自行车的人必须使出更大的力气蹬车，这样车轮受到的推力才能超过它所受到的摩擦力（阻力），然后才能向前滚动，这就是人在泥地骑自行车会感觉格外费力的原因。

除了泥地，在松软的沙地中骑车也是格外费力的，它们的原因差不多。

为什么握手能成为友好的标志？

这要从我们祖先的生活习惯说起。原始人类为了生存下去，每天都要手握武器捕猎动物。当两个陌生人相遇时，假如他们是友善的，彼此没有恶意，那么他们就会主动放下手中的武器，把手掌摊开给对方看，并允许对方抚摸自己的手心，以此来证明自己真的没有暗藏武器。渐渐地，这种习俗被传承下来并演变成了握手礼。

关于握手礼的起源还有一种说法，有些人认为握手礼兴起于中世纪的骑士阶层。打仗的时候，骑士全身披挂盔甲，只有眼睛是露出来的。

这时，骑士要想和人交朋友的话，靠近时就得脱去右手的护甲，向对方展示，表示自己没有武器，握手问候。后来握手就演化成了表达友好的方式。

喝酒时为什么要先碰杯？

据说喝酒碰杯的习俗是从古希腊流传出来的。古希腊人认为，喝酒是一件愉快的事，眼睛能看到酒的颜色，鼻子能闻到酒香，舌头能品尝到酒的美味——只有耳朵最可怜，一点儿乐趣也没有。于是，希腊人为了补偿耳朵，便发明了碰杯的动作，这下，耳朵也能"感受"到喝酒的"滋味"了。

不过另外一些人认为，喝酒碰杯的习俗起源于古罗马。古罗马人特别喜欢"角斗"，在"角斗"开始之前，上场的角斗士们都要聚在一起"干一杯"；但是有人担心对手会使坏，在酒里下毒。于是，人们就想到碰杯的办法，因为自己的酒会洒到对方的杯子里嘛！后来，碰杯就演化成为一种喝酒的礼仪。

多嚼口香糖会变成"小脸"吗?

有些圆脸的小朋友希望通过嚼口香糖改变脸形,让自己的"大脸"变成"小脸"。不过我要提醒他们,这几乎是不可能的。

人的脸形是什么样的,从生下来的时候就已经决定了,当然也会受到牙齿排列形态或下颌肌肉健康程度的影响。有时候咀嚼的习惯也会影响我们的脸形,比如,长期用左边牙齿来嚼东西或长期用右边牙齿来嚼东西就会造成咀嚼肌发展不均衡,脸形也会跟着改变了。

嚼口香糖越多,咀嚼肌就越发达,脸就会显得越大。

为什么不可以"舔"冰块？

伸出舌头，照照镜子，你会发现凹凸不平的舌头表面是湿润的，这是因为舌头表面上覆盖着一层薄薄的唾液。当我们伸出舌头去舔凉凉的冰块时，舌头表面的唾液遇冷，就会立即结冰，这样，我们的舌头就和冰块粘在一起了。

这时候，你的舌头会感觉凉极了，还有点疼，想要迅速地缩回去。可我劝你千万别着急，太用力地收回舌头会让你受伤的——舌头表面的皮肤会被撕裂，会出血。最好的办法是等一会儿或哈一口热气，等粘连的冰融化你就可以"趁机"收回自己的舌头了。

油炸食品为什么不能多吃?

油炸食品又香又脆,小朋友们都爱吃,但我们一定不能吃太多,因为它的害处太大了。

油炸食品很酥脆,但是它不好消化,吃多了容易引起胃病。儿童的肠胃功能很弱,而油炸食品是很难被消化掉的,吃多了油炸食品会引起消化不良,甚至是恶心呕吐。

食品经过油炸以后,食物内部的营养物质遭到高温的破坏;如果炸食品的油反复利用的话,产生的有害物质就更多了。此外,油炸食品吃多了,会引起儿童肥胖。所以,我们不能吃太多油炸食品。

中国人是从什么时候开始吃上胡萝卜的？

胡萝卜的"家乡"位于亚洲的西南部，是阿富汗人最早发现了胡萝卜的美味。到公元 10 世纪时，欧洲人从伊朗带回了胡萝卜，15 世纪时英国人终于吃上了胡萝卜，16 世纪胡萝卜传入美国。

中国人认识胡萝卜要比英美两国早很多，在 12 世纪的宋元时期，胡萝卜从伊朗传入中国。在汉语中，"胡"是指中国北方和西方的民族，后来，人们用"胡"泛指北方和西方民族的东西，也泛指来自外国的东西。"胡萝卜"是从外国引入的，自然也得带上"胡"字了。

咖啡的故乡在哪里？

咖啡是与茶叶和可可并称的世界三大饮料之一。早在几千年前，非洲的埃塞俄比亚人就已经懂得品尝咖啡的美味了。他们在咖法省的热带高原上种植、采摘咖啡，"咖法"也就是"咖啡"名称的由来。

相传，最早注意到咖啡的是一位牧羊人。他发现吞食了咖啡豆的羊会变得异常活跃，跳个不停。他非常好奇，也嚼了几颗咖啡豆，这让他也变得兴奋起来。后来，咖啡被带到了阿拉伯世界，阿拉伯人用它调制成"咖啡豆肉汤"，没想到大受欢迎。此后，人们又发现咖啡豆炒熟、研磨再加入沸水冲泡，最后加上一点儿糖和奶，味道更好。于是，咖啡名声大震，很多国家的人都开始喝起了咖啡。

为什么不能舔铅笔笔芯？

过去，人们把铅笔叫作"铅笔"，是因为里面真的含有铅。铅是一种对人体有害的物质。

如果我们写字的时候喜欢咬铅笔笔芯甚至是舔笔芯的话，铅就会进入人体。时间长了，进入体内的铅越来越多，就会导致重金属中毒，还有可能引发癌症，这是非常可怕的。

现在的铅笔虽然不再添加铅元素，但也不能保证所有的铅笔都不含铅；另外，铅笔被我们的手拿来拿去，随意地放置，上面沾满了细菌等有害物质。如果小朋友咬一下或是"舔"一下铅笔笔芯，就会把细菌带入人体，容易引发疾病。再说，咬铅笔头可不是什么文雅的行为，我们要远离这个坏习惯。

为什么药片大多为白色？

药片是由药品有效成分和药用辅料组成的。一般来说，药品有效成分只占整个药片很小的比例，其余的绝大部分都是药用辅料，所以，药用辅料的颜色决定了药片的颜色。

多数药用辅料的成分都是淀粉，淀粉是一种很好的黏合剂，能把药物的有效成分黏在一起形成药片。因为淀粉是白色的，所以多数药片也就是白色的了。

此外，白色的药片会给人一种强烈的心理暗示——药片是干净的，它很安全。

既然药片的主要成分是淀粉，就得用温水送服才好。因为食管没那么湿润的话，富含淀粉的药片可能就会粘在人的食管里。药片不能顺利进入胃中，自然也就没法发挥功效了。

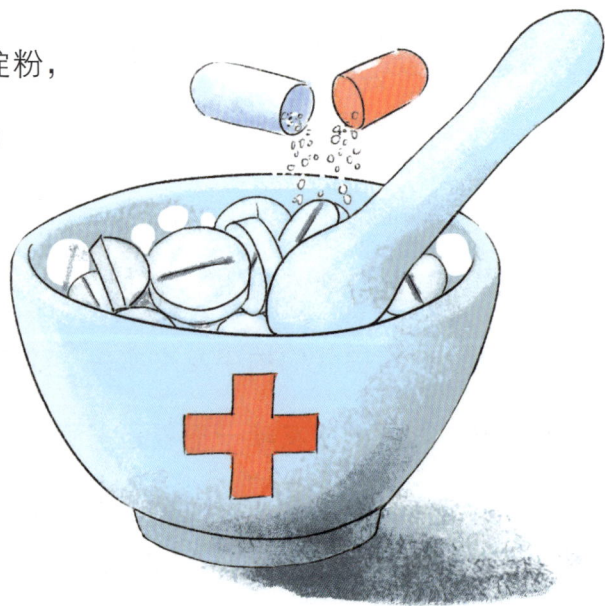

为什么要用温水服药？

有的人爱逞能，就连吃药的时候也要炫耀自己的本事——他们把药片放入口中，想靠着口腔内的唾液直接把药片咽下去。

这其实是不对的，不利于自己的健康。没有水的帮助，药片可能会卡在食管里，吐不出来，也咽不下去，非常难受；有的药片含有刺激性成分，如果药片卡在食管内就开始溶解，有可能伤害食管黏膜，造成食管水肿，甚至溃疡出血。

为了让药片及时发挥药效，最好用温开水送服，药片咽下去以后，还要多喝一点儿水：这样可以帮助药物快速进入胃肠溶解，免得它"误伤"了食管黏膜。

除此以外，药片的服用时间也是有讲究的，不能想什么时候吃就什么时候吃，一定要遵医嘱或按药品说明服用。

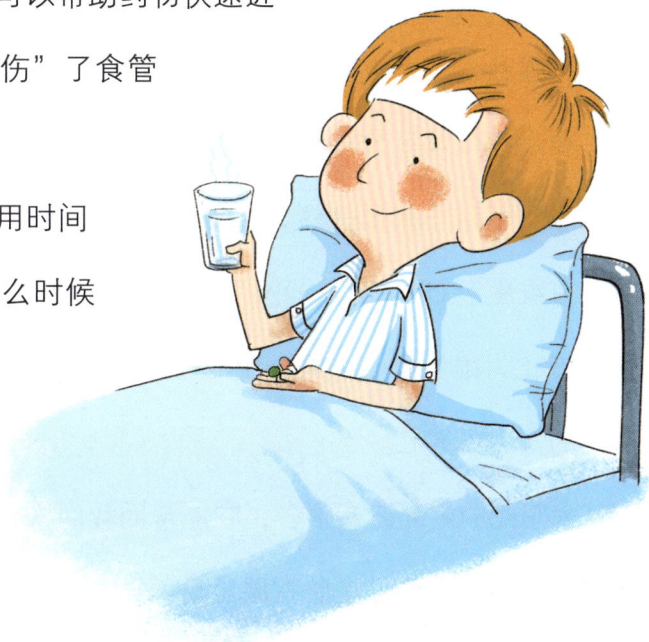

为什么要多晒太阳？

太阳光照在人的身上，暖暖的、舒服极了。对于小朋友来说，晒太阳还能强身健体呢！

儿童阶段是小朋友长身体的良好阶段，尤其是骨骼生长较快。人必须有一副强壮、高大的骨骼才能有一副好身体。要是把人体比作一个高大的建筑的话，那骨骼就是支撑这座建筑的钢架子；而对于骨骼来说，最重要的元素就是钙。要想多吸收钙元素，就得有维生素 D 的帮助。小朋友在晒太阳的时候，能使身体内的 β 胡萝卜素转化为维生素 D，维生素 D 会"悄悄地"帮我们吸收更多的钙，让我们的骨骼更健壮。

太阳光的好处还有很多，它能帮助我们排毒，增强皮肤的抵抗力……所以，小朋友不要总是憋在屋里玩，要多出门运动呀！

小虫子飞进耳朵里怎么办？

要是有小虫子飞进了耳朵里，那滋味实在是难受。小虫子嗡嗡地飞来飞去，撞得人耳朵疼，"嗡嗡嗡"的声音吵得人烦躁不安。这时候，我们该怎么办呢？

这个时候不要慌乱，有一些小窍门可以帮助我们。我们最先要做的是让小朋友捂住两个耳朵，张开嘴巴，这能减轻虫子的"嗡嗡"声；然后把小朋友的头歪向一边，让有虫的耳朵朝下，把手拿开，虫子会自己飞出来。要是这样不行的话，可以拿一个手电筒，打开开关，对着进虫的耳朵照射，虫子喜欢光亮的地方，所以，它们会自己飞出来的。

如果还有不舒服的感觉，应该立即去医院找医生帮忙检查一下。

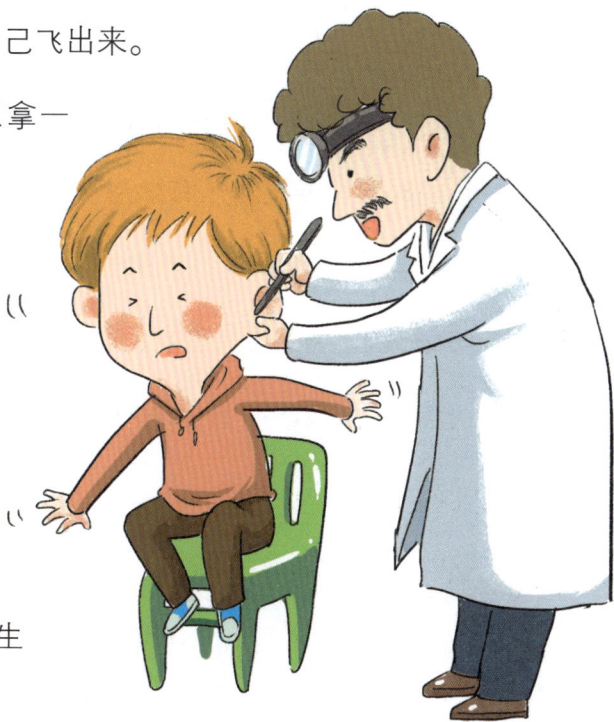

为什么打针时要涂碘酒和酒精？

小朋友们，你们观察过吗，打针之前，护士阿姨是不是都要提前涂一遍碘酒，再涂一遍酒精，然后才开始打针呢？这看起来有些麻烦，可是这是必须要做的。

在我们的皮肤表面，生活着大量的极其微小的细菌，我们根本看不到它们。打针的时候，要是万一有细菌"溜进"我们的身体，会引起"针眼"处发炎，甚至其他疾病呢！怎么办？碘酒能杀死这些细菌，但是碘酒容易引起皮肤发炎，所以，我们还得涂一层酒精，把碘酒"带走"，这两道小小的步骤完成以后，细菌就不会从"针眼"里钻进我们的皮肤了。

为什么红十字会要以 "红十字" 为标志？

十九世纪五十年代末期，欧洲正处于战乱不断的时期，每次战争都会有很多人死去。瑞士商人亨利·杜南一次经过战场时目睹了很多士兵因为伤病痛苦不已的惨状，他决心组织当地的居民帮忙救助这些可怜的士兵。

随后，杜南有了一个伟大的想法：为什么不建立一个国际组织帮忙救助伤员呢？他的提议得到了很多人的支持，红十字会很快就在瑞士建立起来了。红十字会借鉴了瑞士国旗的样式，他们把红底白十字的旗帜改为白底红十字，作为红字会的标志，还把杜南的生日——5月8日定为世界红十字日。

为什么吸管能吸饮料？

平时，我们用杯子喝饮料的时候，需要轻轻抬一下杯子一侧，把杯子中的饮料"倒"入我们的口中。但是我们用吸管吸饮料的时候，只要用嘴轻轻一吸，饮料就顺着吸管的管道进入我们的嘴里了。这样喝饮料变得容易多了，这是为什么呢？

其实，这是空气在帮助我们。我们的周围充满了空气。空气虽然看不见摸不着，但是它们会对周围的一切产生一个压力，就连杯子里的水和插在里面的吸管也要受到空气的压力。当我们用吸管吸饮料的时候，吸管里面的空气就会进入我们的嘴里，吸管里没有了空气，吸管外面的的饮料受到空气的"挤压"，饮料就被空气"压"进吸管里。我们不停地吸，就会有越来越多的饮料进入我们的嘴里。

为什么不能把头蒙在被子里睡觉？

外面空气真新鲜！

人是离不开氧气的，我们时刻都在呼吸，就连睡觉时也不例外。吸气的时候，我们把氧气吸入体内；呼气时，我们把体内的二氧化碳排出去。这样我们才觉得有精神，才能好好地学习和玩耍。

但是有的小朋友因为害怕，习惯把头蒙在被子里睡觉，这样对身体是非常不好的。蒙着头睡觉会让我们不能吸进足够多的氧气，但是不断地呼出二氧化碳，被子里的二氧化碳越来越多，而氧气越来越少。这样一来我们身体的器官就得不到足够的氧气，没法正常工作，第二天起来时，我们就会觉得累、没精神。时间久了，还容易做噩梦，使身体处于亚健康状态。所以，我们千万不要养成"蒙头大睡"的习惯啊！

为什么油锅起火不能用水去扑灭？

水能灭火，这是小朋友都知道的常识。可要是炒菜的油锅起火了，可千万别浇水。这不能灭火，还能"助长"火势，这是真的吗？

当然是真的！首先，我们得知道，"起火"需要两个条件：有氧气，还得有一定的温度。比如森林起火，只要浇足够多的水，这既隔开了氧气，又降低了温度，所以能灭火。可是油是一种比水密度小的物质，它能漂浮在水面上，所以，如果向着火的油锅里浇水，油会立即飘到水面上，还能继续燃烧。如果不小心，浇太多水，油溢出来了，还会把别的东西烧着了。

最好的办法是什么呢？只要冷静地把锅盖盖上，隔绝空气就好了。

为什么不能用湿手触碰电器开关？

电的出现为我们的生活提供了无尽的便利，但你知道它还是一个可怕的东西吗？电也是十分危险的。人一旦触电，后果不堪设想。所以，我们在享受便利的时候，一定要防止触电。

我们知道，人体是可以导电的，水也可以导电；万一电器的开关或插座质量不好，就存在漏电的可能性。假如我们刚洗过手不擦干就去触碰电器开关，很有可能会因此触电受伤，甚至被电死。所以，无论你多么着急，都不要用湿手触碰电器开关或插座，一定要先把手擦干。

为什么火灾发生时不能坐电梯逃生？

假如高层建筑着火，千万别以为乘坐电梯就能迅速逃生。实际上，火灾时禁止使用电梯逃生是一项通行世界的国际惯例。为什么会有这种要求呢？

首先，发生火灾时，楼内的电力设施无法确保安全，楼内随时可能断电。也就是说，楼中的电梯随时会处于故障状态：要么根本打不开；要么会把人困在电梯轿厢内。

其次，电梯通道贯通整个建筑，能通向楼房的各个楼层，火场的烟气会钻入电梯轿厢内，把电梯变成"大烟囱"，躲入电梯中的人可能会被浓烟中的有毒气体熏死。

再次，电梯的轿厢门并不具备防高温的性能，在大火冲向电梯轿厢时，电梯可能会变形，被卡在某处。

最后，消防人员在使用高压水枪灭火时，水会流入电梯里——水是能导电的，里面的人会有触电的危险。

回收的纸张还能不能再利用？

用过的废纸是可以回收再利用的，这样能节省很多资源，还能保护生态环境。有的国家干脆把废纸称为"城市中的森林资源"，无论是废旧的报纸还是书本，都是宝贵的可再生资源，都可以"变废为宝"。

比如，把废弃的办公用纸收集起来，将它们打成纸浆、分解其中的油墨和铅成分，再进行压制、漂白等工序就能"变身"厨房用纸——它们可是吸附油污等液体的"小能手"。不过，厨房用纸用过之后就不能再回收了。

此外，回收的纸张还可以加工成环保型再生纸。再生纸用途广泛，有再生复印纸、再生包装纸等多种类型。

为什么湿衣服颜色比较深？

真是奇怪，衣服刚一下水，颜色就变深了，这是为什么呢？

要想回答这个问题，我们先得从人眼如何看到物体说起。我们能看见周围的物体，是因为阳光或其他灯光照射到物体表面以后，光线会发生反射，物体反射的光进入了人眼中，这时候，我们才能看到物体。

衣服湿了以后，衣服上的一部分纤维绒毛就"倒"向了衣服表面，它们就不能反射光线了；另外，湿衣服表面被水层包裹住，一部分光线被水吸收了，不能反射到我们的眼里。所以，湿衣服看起来就变"暗"了，颜色也显得深了。

为什么游泳池的水是浅蓝色的？

游泳池的水看起来是浅蓝色的，这是因为里面添加了一些化学制剂。游泳池中添加的化学制剂中含有一定量的硫酸铜、次氯酸钠和明矾等物质，硫酸铜溶于水后，会显出淡淡的蓝色。

工作人员在游泳池中投入硫酸铜等物质，有不同的目的：次氯酸钠的主要作用是抑制水中细菌的繁殖；硫酸铜的作用是防止水中滋生藻类；至于明矾，它的主要用途是让被清理的"废物"能够迅速沉淀，方便工作人员进一步清理，完成水底除尘等工作。

为什么罐头食品能够保存很久？

让美味的食物腐败的罪魁祸首是细菌。食物保存得越久，食物中的细菌的种类和数量就越多。细菌大量繁殖，就会使食物变质，变质的食物就不能再吃了。人们发现，把新鲜的食物煮熟，能多保存一阵子；可是煮熟的食物在空气中放久了，一样会有细菌出现，也会变质。后来人们才知道，只要让食物中的细菌不再过度繁殖，就能让食物保存得更久。于是，人们把食物放在密封的罐子里，在封盖之前，人们会把罐子里的空气全部抽出，再用高温灭菌的方法杀死细菌，最后封装起来。在没有空气的情况下，就算罐头里"混入"了少量细菌，它们也会因缺氧而死亡。

为什么鞭炮一点火就炸?

如果把一个鞭炮拆开的话,你会发现,鞭炮里面有很多黑色粉末,那就是火药。火药里面都有什么呢? 有一点就着的硫黄粉、木炭粉,还有"怕热"的硝石。硝石遇到热就会释放出氧气——这可是助燃的绝佳气体。 把点燃的火柴靠近散放的火药时,火药会"呼"的一下着起火来,但不会发出爆炸的声响。因为火药是散开的,有足够大的空间让它燃烧并释放气体。

当火药被装入密闭的纸筒里的时候,它在被点着后,在短时间内迅速发热并膨胀,这会给纸筒带来极大的压力,直到把纸筒撑爆了,就是我们看到的鞭炮"爆炸"。鞭炮从点燃到爆炸,时间非常短暂,所以,小朋友们最好躲在远处观看,以保证自身安全。

不锈钢不生锈的秘密是什么？

我们都知道，铁遇到水的时候很容易生锈，但是不锈钢就没有这种"困扰"。这是为什么呢？

不锈钢不生锈的秘诀在于不锈钢中添加了金属铬。铬具有防腐的特性，当铬遇到一些氧化剂的时候，会在表面生成一层防腐蚀的氧化膜，防止器具进一步氧化——生锈。铬能防腐，但是在制作不锈钢时，铬含量至少达到 12% 才能被称为不锈钢；要是铬含量偏低，这种材料也不能达到防腐、不生锈的目的。除了防锈，不锈钢还有很多优点，比如坚固耐用、干净卫生、不怕高温、不怕低温等。

氧化剂

铬

为什么冰箱门打开时里面的灯会自动亮起？

你注意过吗，只要轻轻拉开冰箱门，里面的灯就会自动亮起来。这是怎么回事呢？

原来，在靠近冰箱门轴的地方藏着一个开关，它能控制冰箱里灯泡的明灭。打开冰箱门的时候，开关弹起来，灯就亮了；关闭冰箱门时，那个开关被挤压回去，灯就灭了。

你可别小看冰箱里的灯，它有很重要的作用呢。最主要的作用就是照明，即使在漆黑的夜晚，我们一样可以在不开灯的情况下从冰箱里取东西。另外，有些冰箱里的灯具有保鲜的作用。它亮起时，冰箱里的蔬菜能够接受灯光的照耀，可以进行一段时间光合作用，就能保持新鲜了。

为什么温度计能测温度？

温度计的发明者是意大利著名科学家伽利略，他利用液体热胀冷缩的特性制成温度计。现在的温度计依然沿用这个原理。具体说来，在同等温差下，液体受热膨胀的程度要比固体受热膨胀的程度大得多。所以，当温度发生改变时，温度计玻璃管中的液面就会跟着改变，要么上升，要么下降。而温度计的玻璃管是非常细的，液体液面的升高或是降低就会显得特别明显，所以，我们观察温度计玻璃管上的刻度，就能读出温度的具体数值。温度计内所填充的液体一般是水银或酒精，当然用煤油填充也可以。

为什么暖水瓶能保温？

你观察过暖水瓶的内胆吗？它可是帮助暖水瓶保温的"秘密"所在。它由两层玻璃制成，这两层玻璃上都涂上了铝或银，好像镜子一样能反光，热水散发的红外线会被里面这层"镜子"反射回水里；在两层玻璃之间，空气早就被抽空了，那里就成了真空状态，没有空气对流，内壁的热量也没法向外发散，这就给暖水瓶上了"二层"保险。

此外，暖水瓶口上还有一个不容易传热的软木塞，热气也不容易从这个口中跑出去。有了这三个"秘诀"，暖水瓶能保温也就不稀奇了。

保温
72小时

水里的鱼在冬天不会冻死吗？

在高纬度地区，一进入冬天，天气就格外寒冷，河面也会结冰；但是在冰层的下面还是有水在流动的，那里的温度并不算太低，可能还要更暖和一些，因为有冰层挡住了寒冷的空气。

鱼有一种特性，它的体温可以变化。当周围环境的温度升高时，鱼的体温也会升高；当周围环境的温度降低时，鱼的体温也能够自动下降。所以，就算冬天气温降低，鱼也能在冷水里生活。

不过，生活在寒带地区的冷水鱼，如果被放入了温度较高的热带水域的话，它也会因为温度太高而死亡；同样的道理，热带鱼也不能在太冷的水域里存活。

为什么大虾一煮就变红呢?

大虾壳内含有一种叫作虾红素的物质,它是一种红色色素。大虾活着的时候,体内的色素和蛋白质结合在一起,我们是看不出虾红素的颜色的。当大虾被放进热水里的时候,色素和蛋白质就因受热而发生了变化,虾红素被分离出来了,颜色便开始变得明显,于是,虾壳就变成了红色。颜色越红的地方,说明那个部位含有的虾红素越多,比如大虾的背上。颜色淡的地方,虾红素的含量就低,比如虾脚的下部。

除了大虾,其他甲壳类动物也有这个现象,比如螃蟹。

为什么海鱼的肉不是咸的？

海鱼是从海里打捞上来的，它长时间地"浸泡"在咸咸的海水里，为什么它的肉却不是咸的呢？

海洋里的鱼分为两大类，一类是硬骨鱼类，另一类是软骨鱼类，它们各自有一套淡化海水的"秘密武器"。硬骨鱼类的鳃里有一种细胞叫作泌盐细胞，它能够将过多的盐分过滤出来，留在体外。因此，这种海鱼虽然生活在海水里，但它们的肉不但不咸，还鲜美无比。

对于软骨鱼类来说，它们身上没有泌盐细胞，但它们的血液中含有高浓度尿素，这种物质可使它们的血液浓度超过海水的浓度，这可以阻止海水盐分渗入体内，还能帮助体内盐分的排泄，因此，软骨鱼类的肉也不是咸的。

站在电线上的小鸟不怕触电吗？

触电的前提是形成导电回路。家用电源一般由两条线路组成，一条是零线，另一条是火线。零线与地面接通，火线负责运送电能。当人体碰触到电源或碰触到带电的导体时，人体、电源和大地之间就形成了一个导电的回路，人就会触电。触电可能导致很严重的情况，甚至可能威胁到我们的生命，所以我们一定要避免触电。

站在电线上的小鸟就完全不担心触电，因为它两只脚站在同一根电线上且距离很短，不存在电位差，所以不会触电。换而言之，鸟爪并没有同时抓住火线和零线，也没有接触到大地，没有产生"电流回路"，所以，它是不会触电的。

为什么会有奥运会？

古希腊是一个神话王国，优美动人的神话故事和曲折离奇的民间传说，为古奥运会的起源蒙上一层神秘的色彩。

赫拉克勒斯古是希腊有名的大力神。一次，他遇到了一个难题：他得在一天之内把国王的牛圈清理干净，那里面堆满了牛粪，臭不可闻。自大的国王对赫拉克勒斯说，只要他完成任务，就给他三百头牛。赫拉克勒斯不慌不忙，在牛圈外挖了一条深沟，把河水引了过来。很快，牛粪被清理一空。这时候，国王却后悔了。大力神当然不干啦，他迅速地打败了国王。为了庆祝胜利，他在希腊的奥林匹亚召开了盛大的庆祝活动。

公元前 776 年，希腊人为了向神话中的诸神致敬，举办了第一次奥运会，还规定每 4 年就要举办一次。后来罗马皇帝下令禁止举办奥运会，古代奥运会就中断了。1896 年，在顾拜旦的提倡下，第一届现代奥运会在雅典成功举办。

为什么奥林匹克运动会以五色环为标志？

奥林匹克运动的五色环标记的设计者是"奥运之父"顾拜旦先生。这个图案是由五个颜色不同的圆环互相套接而成的。

奥运五环分别为蓝、黑、红、黄、绿五种颜色；五种颜色分别代表着欧洲、非洲、美洲、亚洲、大洋洲；五环相套象征着五大洲的团结，以及全世界运动员以公正、坦诚的运动精神在奥林匹克运动会上相聚。

为什么运动场大都是南北向的？

我们知道，地球时刻都在转动，它既要自转，还要绕着太阳做公转运动；地球自转的方向是自东向西，公转就是沿着一定的轨道绕太阳转。这似乎与我们的运动场地没什么关系，但是设计师在建造运动场时都不会忽略"方向"这个问题。

一般来说，在运动场中，中午 12 点之前，太阳光从运动场的东边射向运动场的西边；到了下午，太阳光又从运动场的西边射向运动场的东边。如果运动场是东西朝向的话，那么，在运动场上的人总要受到阳光直射的干扰——太阳直射会使人感到目眩，对于在这里训练和比赛的运动员或是裁判员来说，都是不利的条件。

所以，设计师一般会把运动场设计为南北向的。

加油！

为什么比赛前运动员要进行兴奋剂检测？

最早在体育比赛中使用兴奋剂的是美国运动员汤玛斯·希克斯，他也因此获得了马拉松比赛的冠军。当他服用兴奋剂的丑闻被曝光后，即使有别的运动员的抗议，但国际奥委会根本没意识到这个问题的严重性，所以，抗议无效。

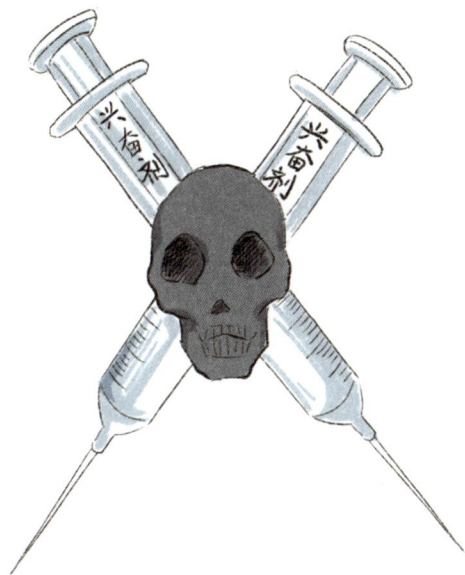

1960 年，罗马奥运会的自行车比赛中，丹麦运动员詹森的猝死事件引起了国际奥委会和国际社会的广泛关注。经检验，詹森在比赛前大量服用兴奋剂是导致他运动猝死的主要原因。国际奥委会终于意识到了兴奋剂的危害。在国际奥委会的呼吁下，世界各大赛事严禁使用兴奋剂：运动员在任何比赛中都不可以服用兴奋剂，谁违反这一规定，谁就会被禁赛。

为了杜绝兴奋剂的使用，为了比赛公平，在比赛前运动员都必须接受兴奋剂检测。

高尔夫球表面为什么是坑坑洼洼的？

高尔夫是一项高雅的室外运动，非常有益于身心健康。要是你仔细观察的话就会发现，高尔夫球和普通的球不太一样：它虽然也是圆的，但是表面却"坑坑洼洼"的，这是怎么回事呢？

其实，高尔夫球表面的"坑坑洼洼"是人们特意制造出来的。那些"坑坑洼洼"有规律地排列是为了增加球杆和球之间的摩擦力，避免球杆滑动无法有效击球的现象。高尔夫球不平整的表面还能减少球在运动中的阻力，帮助高尔夫球飞得更高、更远。

足球运动员入场时为什么要牵着小朋友?

在足球比赛开始前,入场的运动员要牵着小朋友的手共同入场。这些被牵着手走进运动场的小朋友被称为"球童"。这个习俗开始于 1998 年的法国世界杯足球赛。这些孩子来自世界各地,代表全世界的孩子出现在世界杯比赛现场,象征体育竞技"友谊第一"的主旨。

为什么会有这样的习俗呢?

因为孩子代表着"纯洁"和"友好",这和足球比赛所倡导的"公平""公正"的理念是一致的。因此,1998 年国际足联便颁布了一项规定:为了让足球理念深入人心,凡是国际大型足球比赛,运动员入场时必须手牵球童,男女不限。

为什么田径比赛要逆时针跑?

古代的奥林匹克运动会是没有现代的标准赛道的,赛跑时人们会沿着一条长约为 192 米的直线跑道进行比赛。若是比赛中进行长跑的话,人们就要沿着这条直线跑道往返跑。

19 世纪中期,英国人从赛马比赛中获得灵感,开始以右转弯跑的方式进行比赛。在 1896 年的第一届现代奥林匹克运动会上,人们也沿用"右转弯"的方式进行田径比赛。1912 年国际田径联合会推出一项规定:"赛跑的方向,必须要以左手内侧为准",就是说运动员需要"左转弯"跑,即沿着逆时针方向跑了。

马拉松长跑要跑多远？

马拉松长跑是一项超长距离的赛跑，参加比赛的运动员要跑完42.195千米的距离才行。这个听起来有些奇怪的距离可是大有来历的。

大约2500年前，波斯帝国入侵希腊。波斯帝国的大军在雅典城东北的马拉松海湾登陆，雅典的情况非常危急。雅典军没有援军帮助，只能靠着团结的力量去迎击侵略者。没想到，他们真的胜利了，在马拉松平原打败了波斯军队。为了传递胜利的消息，人们派出菲迪皮茨跑回雅典城通传捷报。菲迪皮茨兴奋极了，他一口气从马拉松平原跑到了雅典城的中央广场（全程42.195千米）。到达后，他只说了一句"我们胜利了"，便因体力不支倒地身亡了。

后来人们为了纪念他，创立了马拉松长跑比赛，还把42.195千米作为马拉松比赛的标准距离。

橄榄球运动是怎么兴起的?

橄榄球起源于英国,也被称为拉格比足球。拉格比是英国的一个小镇,那里有一所名为拉格比的学校。

1823 年,拉格比学校组织了一场足球比赛。比赛十分激烈,落后的一方想尽办法,想要多进几个球,可是总没有机会。这时候一个名叫威廉·韦伯·埃利斯的球员非常着急,他竟然抱起地上的球,向对方的球门冲去。对方的球员拦不住,最后埃利斯竟然真的直接把球投入了对方的球门中。

比赛结束后,大伙觉得这种抱球跑的进攻方式是值得学习和推广的,于是纷纷效仿埃利斯抱着球攻门了。慢慢地,一项新的运动就诞生了。由于这种球的形状跟橄榄很像,所以又被叫作橄榄球。

数字是古印度人的发明，为什么却被称为阿拉伯数字呢？

大概在公元 500 年的时候，古印度旁遮普地区的人已经发明了最初的数字。后来还发明了"0"这一重要的数学符号。

在数字发明 200 年以后，阿拉伯人入侵古印度，占领了旁遮普地区。阿拉伯人在与当地人交流的过程中惊奇地发现古印度数字的普及性和实用性。为了学习古印度数字，阿拉伯人把当地的数学家都抓到了巴格达，强迫他们传授古印度数字及其计数法。从此，古印度数字在阿拉伯地区广泛使用并流传开来。

阿拉伯人是一个喜欢到处做生意的民族，他们把古印度数字带到世界各地，越来越多的国家使用阿拉伯地区通用的数字书写和计算，慢慢地就把这种数字称为阿拉伯数字了。

闰二月是怎么产生的?

你注意过吗?二月一般只有 28 天,但些年份是 29 天。这是为什么呢?

地球绕太阳转一圈就是一年,换成天数的话大概是 365 天;但更准确地时间是 365 天 5 小时 48 分 46 秒。那么,多出来的这几小时该怎么办呢?

聪明的人们想到了一个办法——设置闰年,每 4 年一闰,把这 4 年中积攒出来的时间凑成一天加在 2 月份,这样二月份就有 29 天。

怎么确认哪一年是闰年呢?这很好办!只要把代表公历年份的数字除以 4,如果得数是一个整数的话,那一年就是闰年了,那一年的二月份就有 29 天;在寻常的年份里,2 月份只有 28 天。

愚人节究竟是从哪个国家兴起的？

有人说最先过愚人节的国家是法国。法国国王查理九世采用新历法，宣布 1 月 1 日为新年，却遭到了保守派人士的反对。保守派人士仍然按照过去的习俗，在 4 月 1 日这天庆祝新年，交换礼物。而那些改革派为了嘲讽守旧的保守派，便在 4 月 1 日这天送假礼物祝贺，还邀请他们参加并不存在的聚会。改革派把这些上当的守旧派叫作"四月傻瓜"。从此以后，就有了愚人节的习俗。

另一些人则认为愚人节最先兴于印度。据说，印度的佛教徒在 3 月 25 日到 3 月 31 日期间要连续坐禅，到 4 月 1 日才能正式结束。这天以后，佛教徒又可以回到俗世中生活。于是 4 月 1 日也被称为"挪揄节"，他们在这一天可以互相戏弄，彼此取笑。后来这个节日传到欧洲就被称为"愚人节"。

圣诞节是怎么来的？

圣诞节是基督教国家的一个非常重要的宗教节日。"圣"指的是耶稣。随着基督教的流传，人们便创立了一个专门纪念耶稣的节日，而日期就定在了耶稣出生的那一天——12 月 25 日。

到 19 世纪的时候，圣诞节增加了不少好玩的内容，比如圣诞卡以及圣诞老人。因为圣诞节期间正是北半球的冬季，所以人们又发明了圣诞树以及圣诞雪橇等有冬季特色的圣诞装饰。

五线谱的发明者是谁？

五线谱是通行全世界的记谱方法。五线谱的雏形出现于古希腊，到 11 世纪时，意大利的音乐理论家规多对古希腊的记谱方式进行了大胆的改革。

为了演唱宗教歌曲，规多发明了一种名为"四线谱"的记谱法。四线谱只有四根线，大约可以记录八个音调。后来，随着乐器制造业的发展，乐器的音域扩大了，音调也增多了，"四线谱"逐渐无法满足音乐演奏的需要。

又经过了几百年的实践，到 17 世纪时人们终于确立了五线谱的基本形态。越来越多的人发现五线谱很实用，而且标记简单、清晰，于是渐渐传播至全世界。

"OK"一词是怎么来的？

作为一个流行于全世界的口头语，OK到底是怎么出现的呢？

对"OK"这个词的普及，有这样一种说法。1839年，美国《波士顿早报》的编辑在签署文章时用"OK"表示完全正确（all correct）。后来，大伙都觉得这种方法非常简单好用，连美国电报局也开始用这两个字母作为验收电报的确认回复，以此证明"准确无误"，"OK"一词就开始流行起来。

另一种说法认为，"OK"这个词是林肯总统最先使用的。林肯总统每次签署文件时，会用"OK"表示"无误、没问题"。后来模仿的人越来越多，"OK"就成了一个广为流传的新词。

科学大"真"探

Technology

科技

黄春凯/主编　　孙莺颖/绘

黑龙江科学技术出版社
HEILONGJIANG SCIENCE AND TECHNOLOGY PRESS

SHENQIDEWENTI

图书在版编目（CIP）数据

科学大"真"探.4,科技 / 马万霞主编；黄春凯
分册主编；孙莺颖绘 . –– 哈尔滨：黑龙江科学技术出
版社 , 2019.1
（神奇的问题：给奇思妙想一个科学的答案 . 第一
辑）
ISBN 978-7-5388-9867-5

Ⅰ . ①科… Ⅱ . ①马… ②黄… ③孙… Ⅲ . ①科学知
识 – 儿童读物 Ⅳ . ① Z228.1

中国版本图书馆 CIP 数据核字 (2018) 第 221406 号

科学大"真"探·科技
KEXUE DA "ZHEN" TAN·KEJI
黄春凯 主编　　孙莺颖 绘

项目总监	薛方闻
策划编辑	孙　勃
责任编辑	孙　勃　徐　洋
封面设计	青　雨
出　　版	黑龙江科学技术出版社
	地址：哈尔滨市南岗区公安街 70-2 号　邮编：150007
	电话：（0451）53642106 传真：（0451）53642143
	网址：www.lkcbs.cn
发　　行	全国新华书店
印　　刷	天津盛辉印刷有限公司
开　　本	787 mm × 1092 mm　1/16
印　　张	4
字　　数	50 千字
版　　次	2019 年 1 月第 1 版
印　　次	2019 年 1 月第 1 次印刷
书　　号	ISBN 978-7-5388-9867-5
定　　价	128.00 元（全四册）

Contents 目录

为什么 "VR" 技术能风靡世界？

现实中，我们靠眼睛、耳朵、鼻子等器官去感受世界的美妙，但人的感受力是有限的，而 VR 技术的出现就能很好地满足我们更加深入、真实地去体验世界的愿望。

在 VR 工具的帮助下，我们能够进入一个完全虚拟的世界，那是一个仿真的世界，在那里，我们能听，也能用手触碰虚拟世界中的一切事物。

如果你想用 VR 技术打游戏的话，我们能跟游戏中的人物一同打击坏人，完成任务；如果你想用它学习，比如乐器，你可以戴上 VR 眼镜在虚拟环境中弹奏它们；还有那些难以理解的抽象的原理或事物，我们都能在 VR 眼镜的帮助下，直接进入科学家为我们营造的仿真世界中一探究竟。

此外，VR 技术还可以运用在高科技的战场或是医疗、航天等科研领域，能帮助人们实现多种目标。

为什么阿尔法狗能够战胜围棋大师？

阿尔法狗最神奇的魅力在于它的自学能力。它从对围棋一无所知到成为顶尖的围棋高手只需要 3 天，而后，它便可以战胜经验丰富的人类围棋大师。

阿尔法狗学习能力这么强，是因为它的程序中被"植入"了两个不同神经网络的"大脑"。两个"大脑"分工协作，一个负责识别图片也就是确定围棋棋盘和棋子的位置，然后快速计算，寻找最佳的落子点；另一个"大脑"就负责评估棋局的胜负，如果形势不利，它会"通知"第一个"大脑"改变战术，进而赢得比赛的胜利。

人工智能（AI）真的会取代人类吗？

AI是人工智能的英文缩写。人工智能擅长自学，功能十分强大，在很多领域，比如围棋、扑克牌等方面不断战胜人类；现在人工智能还出现了挑战人类、取代人类的趋势；但我们现在还不必担心，因为人工智能的能力还没到令我们屈服的时候。

人工智能的强项是储存大量数据信息，还能快速运算，这是我们人类比不上的。可机器人不懂得变通，没有常识，比如就连一个小孩子也知道棋子是游戏的工具，但它是不能吃的，可是机器人只会下棋，根本不知道棋子能不能吃的问题。

人工智能所能取代的不过是那些简单又重复的工作，对于那些创造性的工作，人类完全有信心战胜机器人。

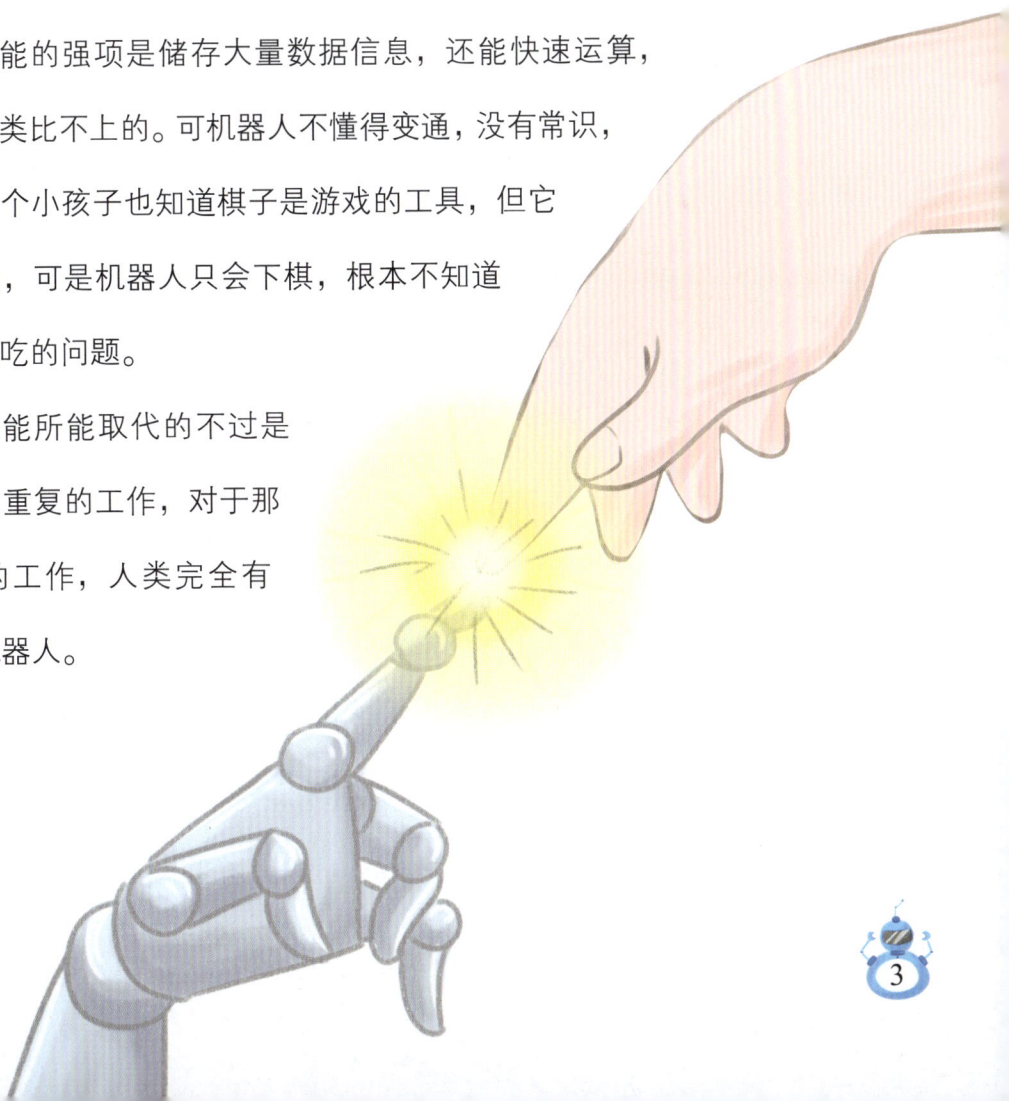

为什么计算机有各种端口？

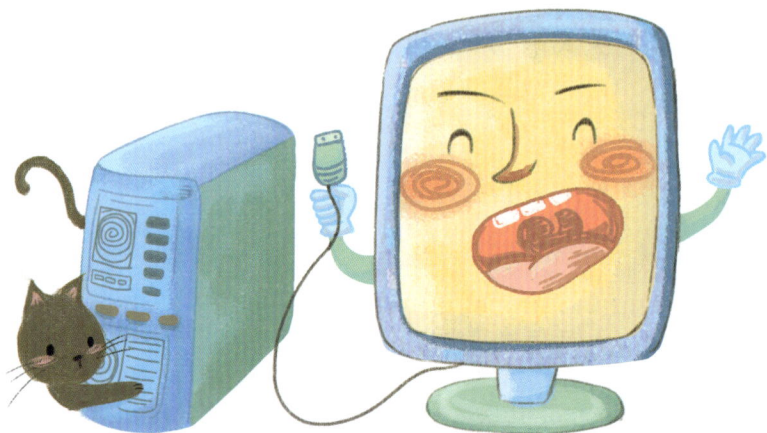

计算机离不开各种"端口"，因为有了这些端口，计算机才能与外界建立通信联系，实现"交流"。

计算机可分为软件和硬件两大部分，那么，它的众多端口也被分为软件端口和硬件端口两大类别。

我们常常听说的 USB 端口、串行端口等露在计算机外面，能被我们看到的就是硬件端口，它们可以连接硬盘等各种设备；而软件端口就需要打开计算机才看得到，它们是指一些通行于计算机操作系统中的通信协议，它们需要特定的符号命令来开启，可以执行绝大多数的任务，是我们控制计算机、让计算机接受指令的"服务者"。

为什么电子邮件地址中有 @ 这个东西？

@是电子邮件的标志，不同的国家对它的称呼也不一样。德国、荷兰和南非人把它叫作"猴子的尾巴"，俄罗斯人把它叫作"小狗"，法国人和芬兰人把它叫作"小蜗牛"，不过它的准确读法则是"at"；它的来历有一则小故事。

美国计算机工程师汤姆林森发明了用计算机发送邮件的方法。为了保证邮件能够到达正确的计算机，他需要一个特殊的标志，把人们和计算机分隔开。汤姆林森很快发现"@"这个符号既简短又不会与人名重复，还能一眼被人注意到，所以，他便把"@"作为电子邮件的标志了。

为什么计算机也会"生病"？制造者是谁？

计算机"生病"也被叫作"中毒"。常见的计算机"生病"的症状有：死机、屏幕变黑或是变蓝。

给计算机带来"痛苦"的并不是真的病毒，而是那种能破坏计算机工作的指令或是程序。这些指令的制造者不是别人，正是那些熟悉计算机知识的人。他们制造并传播计算机病毒的原因很简单：有人是为了恶作剧，有的人是为了炫耀自己的"本事"，还有一些人就是盗取计算机中的秘密了，他们就是"黑客"。

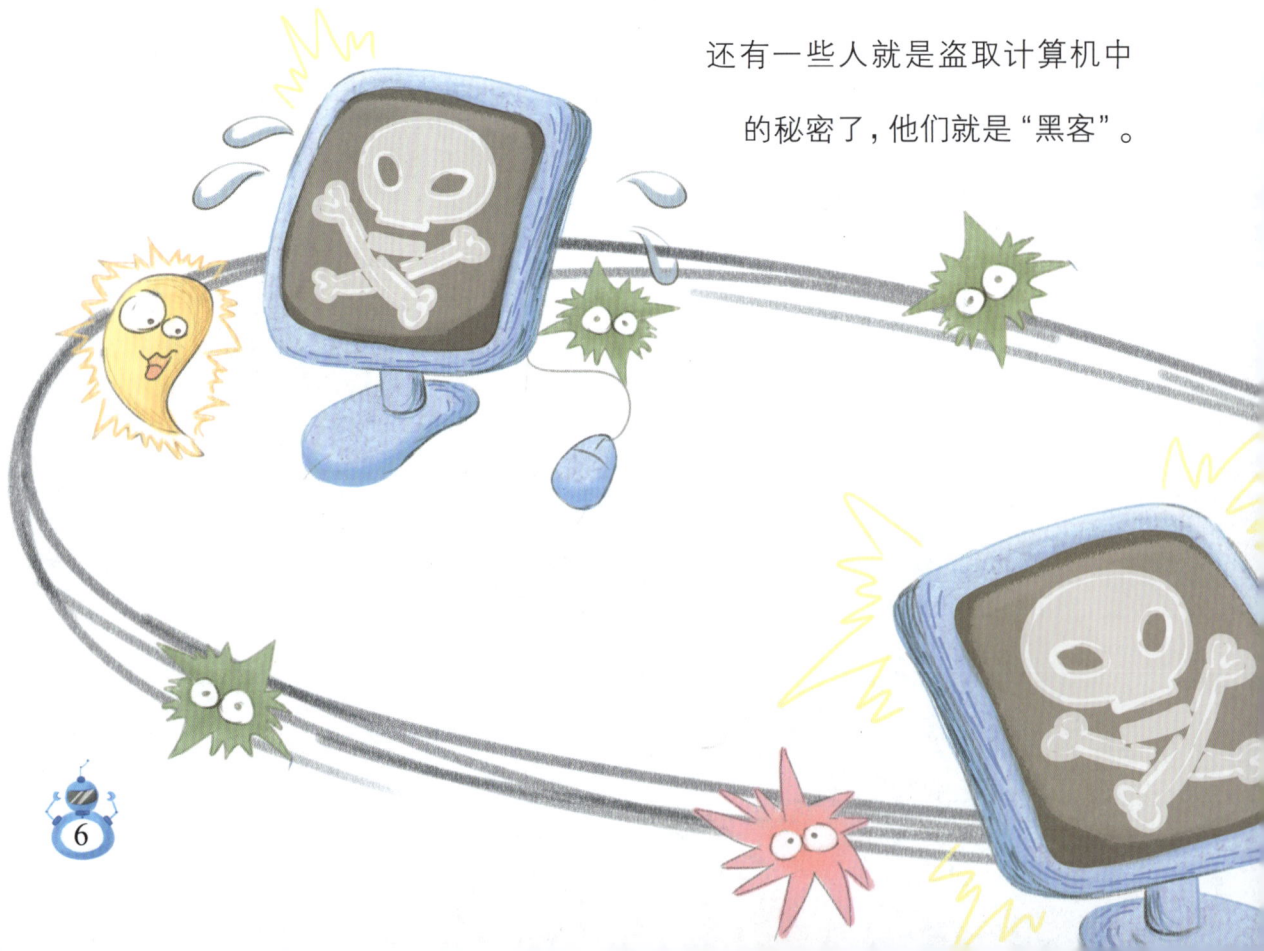

计算机一旦"生病"，储存在内部的重要文件可能就会丢失，计算机的运行速度也变慢了，还能通过U盘等设备迅速传染，非常可怕。一些正义的人士为了保护计算机，也在不断地制作一些能够"杀毒"的软件来保护我们的计算机。

而"黑客"是对计算机技术了如指掌的一群人，他们精通各种编程语言和操作系统，也是计算机病毒的制造者。

一些初级"黑客"，因为好奇心或是想表现自己的"本事"而私自侵入别人的计算机，他们可能只想找一些别人的隐私，比如偷看别人的日记，并没有破坏别人的计算机系统，这样的情况危害性相对较小。

但有些"黑客"则是带有恶意地就想侵入某些人或是某些大型组织的计算机系统，他们会篡改网页，甚至羞辱对方，还有可能盗取别人的钱财和机密信息。如果有国家组织的网站被"黑客"侵入，那么，损失的可能就是极其重要的军事、经济方面的机密；如果"黑客"故意篡改或是破坏计算机中的数据或是某些功能，会导致整个网络瘫痪，后果就更严重了。

Ha... Ha...

为什么保密电话能保密？

电话分为模拟电话和数字电话两大类：模拟电话是把接收到的声音信号转变为电信号，传到对方的听筒，当信号到达对方听筒时，电信号又被转化为的语音信号。而电信号有幅度和频率两个主要参数。幅度与说话人的声音大小有关，而频率与说话人的音调高低有关。要是两个人在打电话之前就秘密约定，以某种特定的规律改变声音的大小或是音调的话，那么就相当于人为地给电话加了保密措施；这样，想要窃听的人就听不清通话的内容了。

数字电话传递的电信号是由"0"和"1"两个数字组合而成的，这本身就有一定的保密性，要是通话双方再事先约定一个保密措施的话，电信号就更加"混乱"了，从而更容易实现保密的目标。

无人工厂里真的一个工人都没有吗？

在自动化技术的帮助下，机器人已经能在很多领域替人劳动了。自动化技术就是把所有的制造过程都交给机器人来完成，计算机成了各个机器之间的"领导"，它们代替人脑的指挥。计算机发出生产的指令后，机器按照原先设定好的工作步骤，各自完成自己的任务。从设计、运输、加工，就连最后的包装，都交给机器完成，它们好像一道自动的生产线一样，上一道工序做好了，就直接传递给下一道工序。所以，只要计算机发出正确的指令，整个生产线就能讯速地完成任务，而且每个产品都是一模一样的。

不过机器总有磨损的时候，无人工厂也需要有几名工作人员来负责对机器和计算机进行管理和维护。

为什么机器人也能 "管家"？

哇！机器人管家，帮助人类打扫房间、做饭，还能照顾小朋友……这好像只是科幻电影中的情景。但这早就不是什么梦想了，日本科学家已经为我们发明了这种会 "管家" 的机器人。

这种机器人的个子跟普通的青少年差不多，大约有 155 厘米，但体重却有些 "超重"——大约有 130 千克。它们的脚是由两个轮子充当的，"上身" 还有两个手臂，每个手臂上有 3 根手指。在它们的身上有 5 个微小的摄像头和 6 个感应器。这样，他们能完成多种动作，比如打扫房间、洗碗，还能洗衣服。

别看它们都是没有表情的机器人，但它们都特别细心，会用洗衣机，能把衣服洗得干干净净；打扫房间的时候，就连藏在桌子下面的灰尘也逃不过它们的 "眼睛"。

为什么"大狗"机器人能够"上战场"？

波士顿动力公司推出了一款新型机器人——大狗；大狗的身高只有 70 厘米，体重约为 75 千克；它没有头，却有着四条强有力的"腿"。强大的动力系统以及灵活的"四肢"使得大狗能够在各种崎岖不平的地形条件下如履平地，轻松穿越。

大狗其实是一种能够帮助人类运输物品的机器人。它非常能干，平衡能力超强，速度极快，可以驮着重物爬雪山，还能穿越泥泞的沼泽地，就连光滑的冰面也不在话下。危急时刻，大狗还能跳起来跨越障碍，这在未来的战场上将是极有力的"秘密武器"，就连军事专家也对它刮目相看。

为什么微型机器人能潜入人体？

科学家们制造微型机器人的灵感来自大自然。他们观察小动物运送食物从中得到灵感，发明了这种极其微小的医疗机器人，它们像一颗胶囊般大小，可以被人吞入肠胃里；机器人也会在肠道里"游历"一番。在这个过程中，它会自动拍照，还能把人体肠道内的照片发送到医生的计算机里，以便医生进行检查和治疗。

微型机器人的用途十分广泛，它们可以在人体内直接进行小损伤手术，还能把药物直接送入目标器官和组织，此外，它们还定位癌细胞，直接将它们杀死。

现在，科学家又把机器人技术和3D打印技术结合起来，打印出纳米级的微型机器人，帮助更多的人赶走病痛。

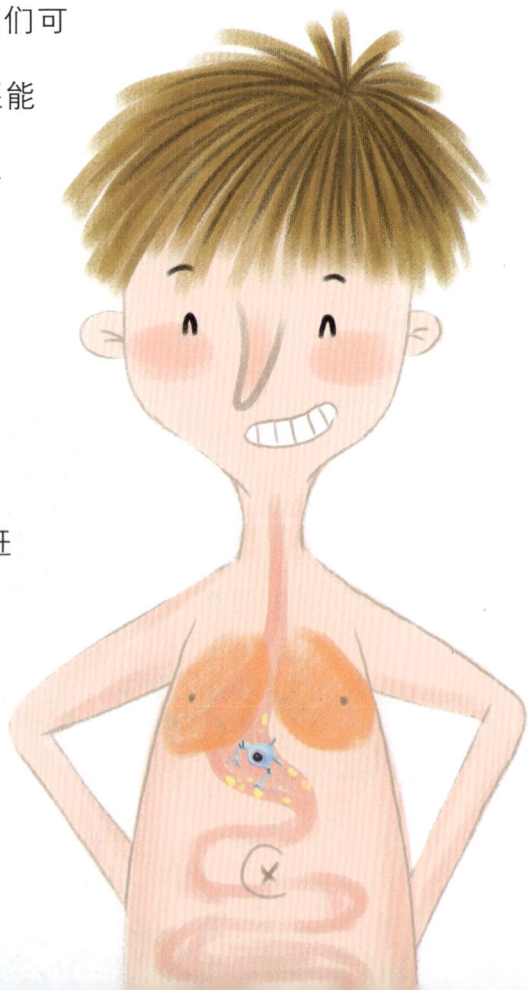

建筑机器人有哪些优势？

世界上的很多国家都在大力发展建筑机器人，因为使用建筑机器人优势是非常明显的。

首先，人有疲劳的时候，必须有休息的时间，但是建筑机器人就不用休息，它们可以不停地工作。在人类受不了的热天，或是在肮脏的环境中，机器人还可以照常工作。其次，人可能会犯错，但建筑机器人都是在预先设定好的程序的指挥下工作，除非程序本身有错误，否则建筑机器人永远都不会犯错。再次，建筑机器人可以轻松地完成很多艰难的任务，工作丝毫不差，还有很高的效率，弥补了人类自身的缺陷。最后，建筑机器人的成本不断降低，但是人工的成本却不断上升，所以，越来越多的建筑机器人将会被送入建筑工地中。

为什么能用玻璃来修复骨骼？

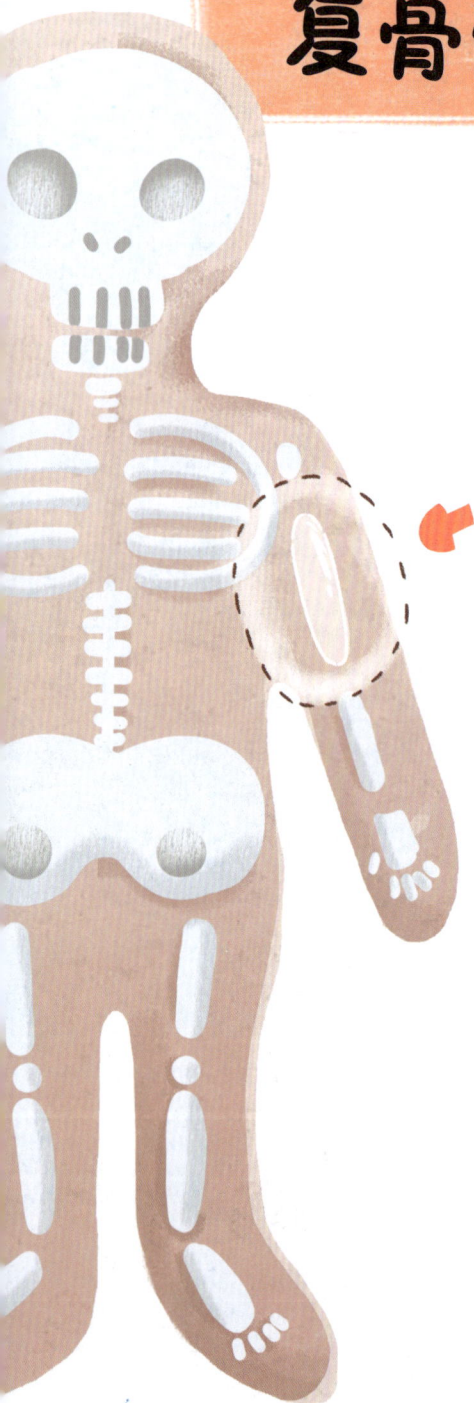

看到这个问题，你一定会感到不可思议，但我要告诉你，能够修复骨骼的玻璃可不是普通的玻璃，这是一种新型的生物有机玻璃，它主要由硅、钠、钙等元素的氧化物组成。这种生物玻璃也是一种仿生物质，能够生成一种与人的骨头成分一致的物质。

将这种"玻璃"植入人体后，它们会慢慢溶解，并释放出一些离子，杀灭细菌，防止感染。还能暂时代替骨骼，与人体的免疫系统"对话"，告诉身体细胞要尽快"生长"出新的骨骼组织。

现在，人们又把这种生物玻璃应用于修复软骨，效果甚佳。

为什么能够实现"器官移植"?

器官移植是指将健康器官移植到另一个个体内，并使之迅速恢复功能的手术。器官移植的目的是用好的器官代替因致命性疾病而丧失功能的器官，使被移植个体能重新拥有相应器官，并正常工作。常用的移植器官有肾脏、心脏、肝脏、胰腺与胰岛、甲状旁腺、肺、骨髓、角膜等。自1954年肾移植在美国波士顿获得成功以来，人类已能移植除了人脑外几乎所有的重要组织和器官。

人造肌肉有多厉害？

美国科学家用一种特殊的柔性材料成功制造出人造肌肉。这种人造肌肉要比真实的肌肉厉害得多。它们具有超强的伸缩能力，当温度升至80℃时，人造肌肉会自动膨胀。膨胀后的肌肉体积居然是原来的9倍；更厉害的是，人造肌肉力大无穷，能够轻松举起比自己重1000倍的物体；在储存能量方面，人造肌肉的实验数据是真实肌肉的15倍。

你千万别以为人造肌肉只是"大块头、大力气"的代名词，它们跟真实的肌肉一样灵活，推、拉、弯曲、扭转、托举，这些动作，人造肌肉样样精通。

有了这种人造肌肉，科学家就能制造出软体机器人，使机器人看起来更像人了。到那时候，机器人不仅有聪明的大脑，还有灵活柔软的肌肉。

真的能实现"人造人"?

人造人就是人类自己复制自己，创造出一个跟自己一模一样的人。这听起来很离奇，但是有了克隆技术，这已经不是梦了。

很多年前，英国科学家就已经制造出了一只克隆的绵羊——多利，这是人类无性繁殖技术上的一大突破。在过去，要想繁衍生物，必须得有两个性别生物的参与，共同完成；但是有了克隆技术就能免去很多步骤。科学家先提取想要克隆的生物基因，并用无性繁殖的方式不断地复制，使得基因不断增多，慢慢地将它培育成与母体完全相同的生物体。

克隆技术已经非常成熟，运用最多的地方就是培育植物。但在复制人类这方面，涉及的问题很多，反对的声音一直存在，很多国家也宣布禁止克隆人的研究。

为什么 X 射线可以 "看" 穿人体？

X 射线是一种波长很短的电磁波，有很强的穿透本领，能穿透人体。在 X 射线的照射下，很多固体能被激发出一种明显的荧光。X 射线还能使照相底片感光，形成图像。

因为上述原因，医生可以利用 X 射线为人体 "拍摄照片"：当 X 射线透过人体时，骨骼、牙齿等含有钙离子的部位会吸收一部分的射线，到达底片上的 X 射线就会减少，底片上就会显现出组织的影像。

人类拍摄的第一张 X 射线片出自德国物理学家伦琴之手。1895 年，他发现了 X 射线的特性后，便为自己的妻子拍摄了一张手部 X 射线片。

聪明塑料有多"聪明"?

英国科学家研制出了一种高科技的人造血液——塑料血液，它们是由塑料分子构成的。一滴塑料血液中就含有数百万个塑料分子。这种塑料分子和人体血液中的血红蛋白相似，它们能够自动"绑定"氧原子，并把氧原子运送到人体的各个器官中——就像真的血液那样。有了这种塑料血液，需要输血的病人就不必担心找不到合适的血液了。

科学家还在研究一种有"记忆"的塑料。只要温度发生改变，塑料也会发生改变。比如把这种记忆塑料安装在浴室内的淋浴喷头上，就能自动调节出水的温度，人们就能更轻松地洗澡了。

怎么样？你是不是觉得大开眼界呢。聪明塑料的"聪明"之处可不只这些呢！快去了解更多的塑料吧！

为什么说纳米技术可以改变世界？

纳米是一种极其微小的长度单位，1纳米约等于十亿分之一米。运用纳米技术，人们可以制造出很多纳米级的物质，这对改变人们的生活有重要的作用。

有一种非常微小的纳米汽车，它有多小呢？在你现在看到的一个方块字大小的空间中就能停放1亿辆；别小看这种汽车，它可是五脏俱全，有发动机，有轮子，还能跑；它们能带来一场医学革命，改变传统的治病、手术的方式。现在还有一种纳米机器人，它们可以进入人体内，直接为细胞进行手术，进而治疗疾病。

科学家正在开发一种威力极大的纳米炸弹，它们进入人体后，能把危害人体的病毒细菌直接"炸死"。

有能透光的水泥吗？

意大利水泥集团制造出了一种能透光的水泥。这种水泥跟普通水泥一样坚固，不同的是，人们可以透过这种水泥看到外面的树影或人影；而外面的光线自然也就容易到达室内了。

水泥能够透光的原因很简单，建筑师把一种特殊的树脂以及一种新混合物掺杂在一起，就制成了透明水泥。因为这种树脂具有"捕获"光的能力，能让更多的光摄入屋子。透光水泥还有一个优点，即造价更低，所以能被大量应用。

用透光水泥建造房屋的话，整个墙面就好像是一面巨大的窗户，阳光能穿透墙体照进屋子，屋子里就不用开那么多的灯，这能节约电能。

为什么鲨鱼皮泳衣那么厉害？

鲨鱼皮泳衣听起来就很厉害，它可不是一件普通的泳衣，它是一款高科技泳衣。它高科技的秘诀在于模仿鲨鱼皮肤，属于仿生技术的一种。穿上它，游泳运动员好像如虎添翼一般，因此，它还有一个更形象的绰号——快皮。

科学家发现，鲨鱼游得快，是因为它们皮肤表面分布着粗糙的 V 形褶皱，这种褶皱能够分散水流，降低海水给鲨鱼带来的摩擦阻力，鲨鱼的速度自然就更快了。于是，他们得到了灵感，发明出一种完全仿造鲨鱼皮肤表皮的泳衣。在结构上，这款泳衣完全贴合人体肌肉，富有弹性，帮助运动员减少水的阻力，提高速度。

因为鲨鱼皮泳衣实在是太厉害了，以致国际泳联已经宣布禁止在比赛中使用"快皮"。

为什么智能衣服前景广阔？

最近几年，越来越多的智能服装被制造出来，比如能够读出人体心跳和呼吸频率的"聪明衬衫"；会"唱歌"的外套；可以任意变换"图案"的T恤衫……

现在，丹麦科学家又设计出了一种能够自动调节温度的智能调温衣服。设计师在衣服的关键部位安装了一个智能调节器，它能根据外界气温的变化，自动调节衣服的温度，让人保持温暖舒适。天冷了，智能服装就会自动在服装里充气，保护人体的气温不向外流失；天热的时候，衣服里的空气会被排出，人就会感觉非常凉爽。

为什么夜视设备能在黑暗中观看物体？

有一种能够在夜间看清物体的望远镜叫作红外望远镜，它是利用红外技术制造的。

红外线是一种电磁波，人们的肉眼是看不到的，但红外技术能够将"无形"的红外线收集起来并将它们转换为可视影像。在望远镜中安装红外探测仪器，它就具有夜视的功能。

现在还有一种更先进的夜视设备——热成像仪。任何物体都在向四周散发红外热辐射，而热成像仪非常灵敏，能够接收到这种红外线，还能分清发散红外线的主人是人类还是动物。

即使是大雾或是寒冷的天气都不会影响到热成像仪，它们反而会更敏感。

为什么晚上声控灯"听"到声音就会亮？

声控灯一到夜晚就变得异常灵敏，只要"听"到一点声音就会亮。这与人耳听到声音的原理很相似。声控灯内部装有麦克风、声音放大器、电路板、延时开启电路以及可控开关等设备。当声音传递到声控灯内部的麦克风时，电路板会产生电信号，电信号又会传递给开关，以便控制电灯开启。

有趣的是，白天时候，即使你发出很大的声音，声控灯也不会亮；但在夜晚，只要轻轻地咳嗽一下，声控灯就会立即点亮。这说明，声控灯也要受到光线的控制，它的内部还有一块光控电路板。

为什么遥控器可以遥控电视机？

有了遥控器，人们就轻松多了，坐在远处就能开关电视机或是调换频道。遥控器能够"遥控"电视机是因为，遥控器的里面安装着一块集成电路板，叫作"中央处理器"（也叫芯片），就跟计算机的中央处理器——CPU 是一样的。

在人们制造遥控器的时候，就把电视机的各种功能信息输入到了中央处理器里，只要遥控器发射出正确的密码，芯片就能够感知到按键被按下，这时候它开始"破译"按键中的"密码"，然后把信号发送到集成电路中的晶体管中，进行放大，随后"命令"电视做出相应的反应。

为什么 3D 电影看着那么逼真？

3D 电影又称立体电影，它是把两个影像重叠在一起，产生三维立体效果。在观众观看时，戴上立体眼镜就会有身临其境的真实感。

人的眼睛在看物体时有一个特性，近大远小，这会给我们带来一种立体的效应。3D 电影就是利用人眼的这种特性而产生的。

3D 电影在拍摄时，就是用两个镜头拍摄，就好像人的两个眼睛观看一样。拍摄完成的两部影像分别放入两台放映机中，把两个视点的影像同步放映，它们会同时显现在荧幕上。这时候，只用眼睛去观看的话，两副影像是模糊重叠的，要想看出立体的效果，应该佩戴专门的 3D 眼镜，这样就能体验真实的感觉了。

为什么网球上面有层绒毛？

网球的球体主要是由橡胶和其他几种合成材料制成的；但刚成球体的"网球"还是光秃秃的，表面又硬又滑；如果马上就拿来比赛的话，网球手将它击打出去后，球速会非常快，以致对手无法接到或是很难发挥自己的球技。于是人们想了一个办法，把一层用羊毛和尼龙织成的绒布贴在光秃秃的球体上，这样球拍对网球的控制就会变得更加自如，因为绒毛使网球受到风的阻力更大，网球接触到球拍时，网球表面的绒毛会暂时"抓"住球拍，减弱了网球的反弹力，还把球速降低了，这让双方运动员都能发挥出最好的球技。

为什么马克杯会变色？

马克杯就是那种带柄的陶瓷杯，它的外表可能是黑色、红色、绿色等。神奇的事发生在倒入热水以后，杯子从下往上开始变色，原本的颜色会褪去，一些特别的图案会慢慢地显现出来。等杯子里的水凉了，或被喝掉了，马克杯又会变回原来的颜色。

这其中的秘诀在于马克杯的外表多了一层用热敏材料制成的感温涂层。热敏材料的特性就是遇到高温时，颜色会渐渐地发生变化。这种马克杯的制作过程很简单，把热敏材料研磨成微小的颗粒，调制成水性涂料，涂在普通的陶瓷杯上，再放入炉中烘烤，让热敏材料凝固在陶瓷杯上，接着把特殊的图案"印"在杯子上，再次加热，等冷却后，一个会变色的马克杯就制成了。

为什么真空厕所能省水?

家庭常见的厕所在用过之后都要用大量的水来冲洗,每次大约要用掉 6 升的清水。而真空厕所则是利用气来吸走污物,具体来说就是在管道中设置气压差,制造气压,然后将污物吸到管道中去。污物吸走后,只用很少的水冲洗一下就可以了。真空厕所每次冲洗只用不到 0.8 升的清水,当然非常节水了。

此外,真空厕所的优点还有很多,它能吸走密封空间中的臭味;它所使用的水还是循环水,收集来的污物还可以被加工成粪肥,十分高效环保。

国家正在大力普及真空厕所,除了在飞机、轮船以及火车上大量安装,家庭中也可以安装真空厕所,这样就能节约更多的水资源了。

为什么自动门会自动打开？

最简单的自动门叫作地毯式自动门。这种门的门前有一块地毯，地毯下面藏着一条电线与电源相连。当有人踏上地毯时，地毯的重量增加，电源被接通，于是门就打开了；当人离开后，地毯上的重量减轻，电源被切断，门也就自动关闭了。

现在有一种更高级的自动门，上面安装了光电管。光电管能接收到红外线，而人身上也能发出一些微弱的红外线，只要人走进自动门，光电管就能收到这种红外信号，于是便把门打开；当人离去时，红外线消失，门也就关上了。

金属器皿为什么不能放进微波炉中加热？

微波炉是靠微波来加热食物的，但是微波遇到金属器皿时就不能发挥作用了。因为微波很难穿透金属，微波带来的热量还会被光滑的金属表面辐射到周围去，食物自然没法加热了。

另外，被辐射到微波炉膛内的微波，会在微波炉中不断反射，这很容易造成微波能量的高频短路，还会使发射微波的磁控管阳极产生高温，时间久了，磁控管会被烧红，损坏微波炉，带来危险。

想用微波炉加热食物的话，最好用可以被微波穿透的器材来盛放食物，比如玻璃碗、塑料碗或是陶瓷的盘子等。

智能门铃有哪些"特异功能"？

智能手机、智能手表、智能电视……我们就早就见怪不怪；最近，科学家又发明了新式智能门铃。

新式智能门铃功能强大，只要将它与WIFI连接；我们就能通过手机操控它。比如，门外有人按门铃，我们看下手机就知道来访者是亲戚朋友还是陌生人了；若你想与来访者说话，那么扬声器和麦克风就要发挥它们的作用了。万一有人按门铃的时候，你并不在家中，你也同样可以通过手机与来访者进行远程对话。所以，当有快递员来送快递的时候，你就不用担心他找不到主人啦！

此外，智能门铃还有安防功能，它能不间断地拍摄高清视频，即使是晚上"视线"依然明亮；这大大提高了主人的安全感。

ACTOP

为什么隐身衣能让人"隐身"？

人类早就幻想着一种神奇的隐身衣，只要穿上它，就可以来无影去无踪，让周围的人摸不到、看不清。现在，科学家已经帮我们实现了这个愿望。

我们平常能看到物体，是因为光线遇到物体时，恰好被物体挡住，又反射到人眼中。这给了科学家极大的启发，他们制作出了一种特殊光学原材料。这种材料是从蚕丝中提取出来的，将它织成布后，再在它的表面涂上一层黄金涂层，当光线到达这块布时，会自然发生弯曲，好像"穿"过物体一样。这样，我们就什么都看不到了，从而达到了"隐身"的目的。

有那种轻且坚硬的材料吗？

前不久，美国麻省理工学院的研究人员宣称他们已经研制出一种新型的材料。这种材料的特点有两个——既轻巧，又坚硬。这听起来有些矛盾，不过却是真的。

研究人员对石墨烯片进行压缩和融合，制成一种新型材料。它密度很小，看起来非常轻巧，但是在坚硬度上却让钢铁材料望尘莫及——足足是它们的 200 倍。

石墨烯片本来是一种并不稀奇的原材料，但是经过科学家的大胆试验，把它改造成 3D 结构后，它的外形变成了类似珊瑚的形状，就连物理特性也跟着发生了惊人的变化。

这下，新型石墨烯材料的作用变得更大了，可用于诸多应用领域，比如制造汽车、建造房屋等。

为什么商品都要标注条形码？

商品少不了条形码，因为那里面藏有很多信息，就像商品的身份证一样。既然是身份证，每种商品都得有自己独一无二的条形码。

要想"读取"条形码，就得用特别的工具——光电扫描仪。把光电扫描仪对准条形码，从左向右移动扫描，就能从粗细不同的条形码中获得光信号，然后它又能迅速地转变为电信号，再通过电子译码器迅速"翻译"，我们就能知道商品的名称、价格以及它的产地等信息了。在大型超市中，营业员们只要扫一下条形码，就能立即把这个商品的价格和名称输入收款账单中，方便结账。

为什么只凭银行卡就能提钱?

如果你仔细观察的话,会发现银行卡的背面都有一个黑色的长条,好像粘上去的胶带条一样, 这个长条可是非常重要的,它就像银行卡的"大脑"一样重要。

这段黑色的长条上涂有磁性物质,它能释放出磁力。我们知道磁性只有南、北两极,那么,这个长条上的磁性物质以南、北两极的形式存储着存款密码等重要信息。当银行卡插入提款机中时,这些信息被"翻译"成"0""1"这样的二进制数字。取钱的人只要输入正确的密码,提款机中的计算机就会将卡片上的号码和密码相互比对,如果全部一致的话,提款机会通过互联网向银行发起提款的请求,只要银行发回了同意的消息,提款机就能把钱"吐"出来了。

为什么测谎仪能测出人是否说谎？

人在说谎时，会不自觉地做出一些小动作，比如抓耳挠腮、抖动腿；还会出现一些不明显的变化，比如呼吸加快，或是故意憋气而减少呼吸；还有脉搏加快，血压升高，脸发白或是变红，出汗等微妙的变化。情绪紧张的时候，人们会因为说话紧张而结巴起来。这些都不是自己所能控制的，有些微妙的反应可能会"逃过"侦查人员的眼睛，但是这些都会被测谎仪所注意到。

测谎仪一直在收集被测试人的生理变化，尤其是脉搏、呼吸和皮肤电阻三个方面；其中最重要的就是皮肤电阻，它是判断人是否说谎的主要根据。不过对于那些心理素质非常好的人，测谎仪也不一定能够发现他们心中的"秘密"。

Have a ·····

为什么安全检查仪能发现行李中的违禁品？

安全检查仪有"火眼金睛"的本事，靠得是安装在检查仪内部的X射线检查通道。当行李包裹被送入X射线检查通道时，包裹检测传感器被阻挡，它会发出信号，这种信号能激发X射线，被释放出来的X射线便开始照射传送带上的行李包裹。

X射线可以穿透木材、纸板或是皮革等不透明物体。安检仪会根据行李中的物品对X射线的吸收程度不同，在屏幕上显示出不同颜色的影像。比如，食品、饮料会显示橙色；陶瓷会显示绿色；当有金属出现时，屏幕上就会有蓝色显示出来。安检员就会根据物品的形状来大体判断包裹中是否带有刀具等危险品。

为什么手机触摸屏那么灵敏?

最常见的触摸屏内部都安装有两层导电膜,它们非常重要,因为在这两层导电膜之间"藏"着很多电荷。我们人体中含有大量的电解质,它们有时候也能起到导电的作用。

当我们用手指触摸屏幕时,导电膜中的电荷就能会跑到人体中来,不过这股电流非常微弱,人几乎是感觉不到的,而且也没什么危险。电流产生时,两层导电膜能立即感知到电荷"逃跑"的位置。这两层导电膜上分别有代表横轴的电极和代表纵轴的电极,它们放在一起就形成了一套精准的二维坐标系。所以,你的手指所触碰的点都会对应在二维坐标系中。手机的处理系统获得了坐标系中的准确位置,就会启动相应的功能。

为什么手指一按就能解锁手机？

手指解锁手机就是我们常说的指纹解锁技术。发明者在手机上预先安装一块薄薄的传感器芯片，这块芯片能够记录人的指纹图案。

通过人的手指多次按压芯片区域，手机内的相应模块就得到一个完整的指纹图像，传感器随之记住这个指纹的"样式"。当相同的指纹按压在手机上时，屏幕就会发出光线照亮手指的指纹，指纹会把这个光线反射到手机屏幕下面的传感器上，只要这个反射的图案和传感器芯片上所记录的图案是相同的，那么手机屏幕就会被立即开启，也就是被"解锁"了。

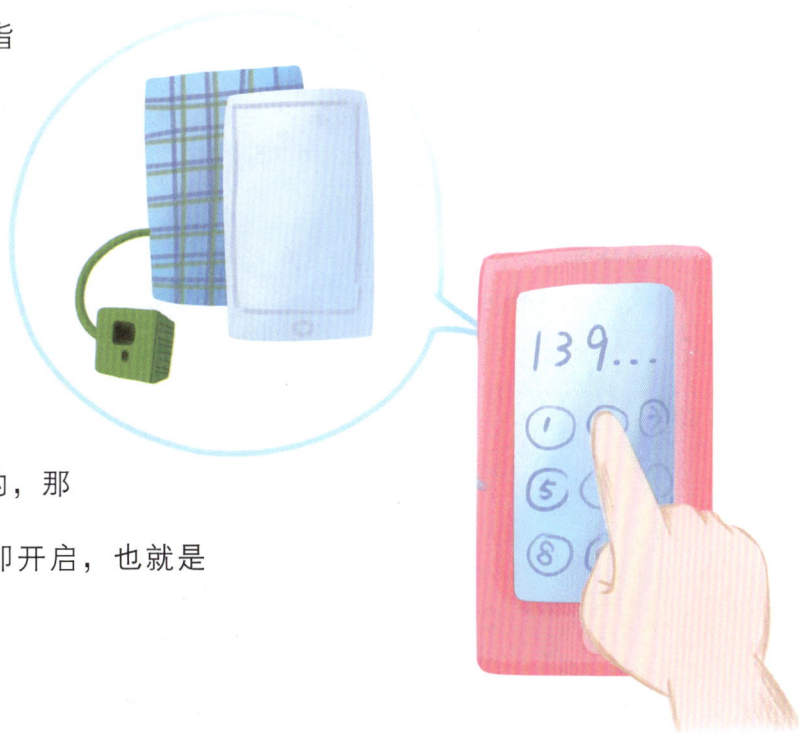

背包也能发电吗？

我们人走路时，臀部会自然地上下移动，这就能产生一种无形的能量，如果把这些持续不断的能量收集起来，它们还能发电呢！所以，科学家受到启发，发明了一种"悬浮负重背包"。使用时，用一根弹簧把背包系在一个固定在框架上，当人背着这个特殊的背包行走时，背包就能随着臀部的起伏而上下颠簸，进而产生持续不断的电流。

虽然"发电背包"发电量并不大，背上 38 千克的背包可以产生 7 瓦特电能，但足以满足手机、掌上电脑、夜视镜、便携式卫星定位仪等一些小型设备随时充电的需求，适合在野外工作的科学家、徒步旅行者、考察者、士兵和救灾人员使用。

为什么"蝙蝠手杖"能让盲人自由行走?

对于盲人来说,道路上一个小砖块也能成为他们的巨大障碍,会给他们的生命安全带来威胁。为了保护盲人,科学家发明了一种新型手杖——蝙蝠手杖。

蝙蝠手杖的灵感来自蝙蝠。蝙蝠是一种夜行动物,它们拥有一套强大的回声定位系统,能帮助它们感知黑暗中的物体,并能轻松地躲避那些"障碍"。

科学家学会了这种本领,开发出一种新型回声定位装置,它每秒钟发射6万个人耳听不到的超声波脉冲,当这种超声波脉冲遇到了物体时,它会立即产生震动,盲人感受到这种震动,就知道前方出现了障碍物。而且,距离障碍物越近时,盲人感受到的震动会越强烈,他们就会想办法避开。

为什么可以"无线"上网？

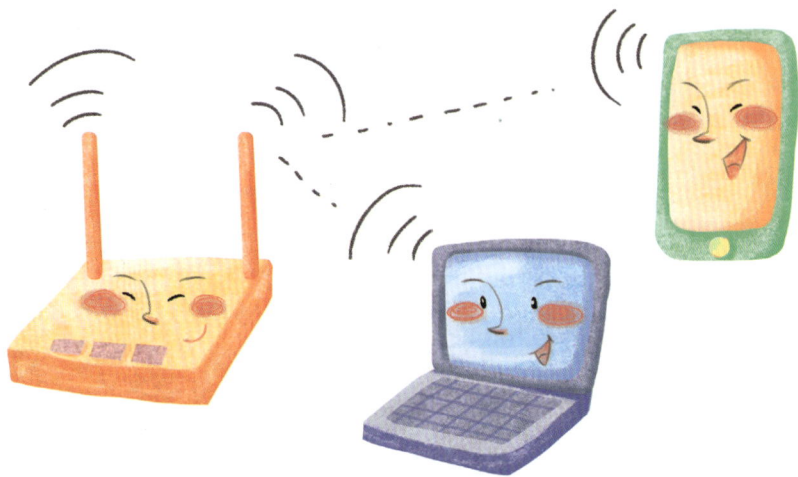

无线联网技术通常被人们简称为 Wi-Fi 技术，它是现在最流行的无线网络传输技术。在 Wi-Fi 技术的帮助下，笔记本电脑或是智能手机可以通过无线的方式相连接，以便实现网络共享，也就是我们常说的无线上网。

要想实现无线上网功能，我们首先得在电脑上安装一个无线路由器，无线路由器可以向外发射无线电波，手机或是笔记本电脑能够检测到无线电波的信号，在无线保真技术的支持下，能够实现上网的功能。

有些路由器设置了密码，手机或笔记本电脑只要输入正确的密码，就可以上网了。

为什么 3D 打印机被誉为"万能制造机"?

普通的喷墨打印机只能够打印出平面的图形或文字,但 3D 打印机则非常神奇——它能够打印出真实的物体模型,比如牙刷、凉鞋、自行车、汽车等生活用品,甚至还能打印出房子、桥梁,乃至太空航天器等高科技物品,因此它也有"万能制造机"的称号。

3D 打印如此神奇,与它的工作原理分不开。3D 打印机采用的是分层加工、叠加成型的方式来"塑型"的,能打印出任意的形状和样式。

3D 打印前景广阔,科学家甚至幻想着用 3D 打印技术建造楼房、月球基地,或是直接打印人体细胞,以帮助需要进行器官移植的病人。

为什么洲际导弹不会"迷路"？

洲际导弹的射程极远，一般在 8000 千米以上，能够跨越大洋和大陆，因此它必须有精确的制导系统，这才能有效地打击目标。

导弹能够飞跃数千千米的路程后精确打击目标靠的就是内部的制导系统。制导系统是负责控制和推动导弹前进的装置，就好像导弹的"大脑"一样重要。过去，制导系统有无线电指令和惯性制导两种制导方式。但在实际应用中，这两种方式总是受到外界的干扰和破坏。为了提高洲际导弹的精确度，人们多采用复合制导方式，也就是把惯性制导、GPS 制导和地形匹配制导等方式结合起来，以确保洲际导弹不会"迷路"。

为什么核武器威力巨大？

核武器是一种大规模杀伤性武器，一旦发生核爆炸，威力巨大。核武器的威力来自内部的原子核，原子核发生核裂变或是核聚变时会爆发出巨大的能量。

核武器爆炸时，会释放出巨大的能量冲击波，这会使周围的空气急速膨胀并升温，产生一股强大的高压冲击波，还会形成一个巨大的火球，带来强光辐射。此外，核爆炸发生时，还会放射出各种有毒射线和放射性物质碎片，随后又产生电磁脉冲。这一切都能对人的生命安全造成极大的威胁。更可怕的是，这一切都是在非常短暂的时间内发生的，人们根本反应不过来。

为什么人造卫星很难被回收？

人造卫星造价昂贵，但要想回收再利用却不是意见容易的事儿。这背后隐藏着很多难题。

卫星要想返回地球，科学家就得为它设计更为复杂的回归路线，还要增加一支专门提供返回动力的小型助推火箭，这增加了卫星的发射和运行的难度，也会影响它原本的工作效率。

卫星在返回地球的途中，会与大气层产生强烈的摩擦，表面会起火，这就要求卫星在发射之前要为之添加更多的隔热设施，这又得需要科学家发明更加耐高温的材料。

就算卫星真的可以返回，但卫星降落时的速度非常快，卫星若以这个速度撞击地面的话，下场只有一个——粉身碎骨。

另外，被回收的卫星很难二次利用，因此，卫星在完成自己的使命后，就可以在太空中自由地翱翔了。

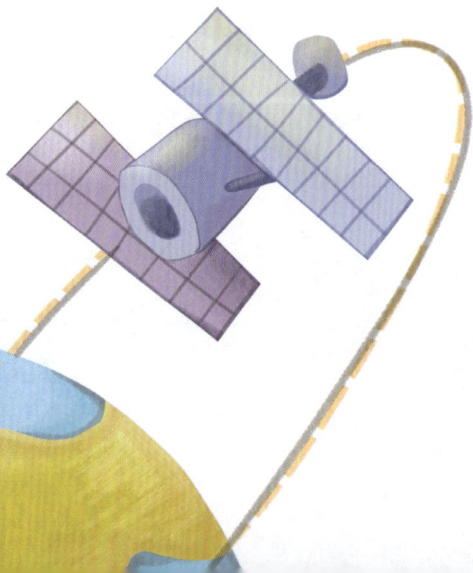

为什么定向爆破不会影响周围的建筑？

定向爆破的过程是这样的：在爆破之前，先把炸药安放在建筑物的一些关键位置，随后把电动的引爆线接好，这样才能让所有的炸药同时爆炸。爆炸开始的一瞬间，炸药反应剧烈，瞬间就能释放出巨大的能量，这里的温度一下子升到2000℃以上，这样的高温会让钢筋、砖块迅速熔化、破裂；但又不会产生巨大的冲击波，所以，碎屑也不会乱飞，当然不会影响到周围的建筑了。

多数时候，建筑物中央的炸药是最先爆炸的，这样，建筑物的中央部分也是最先坍塌的，周围的建筑就会顺势向中间倒去，这也减少了对四周建筑的伤害。

为什么数码相机不用胶卷？

传统的照相机离不开胶卷，但数码相机则免去了安装胶卷这一环节。这是因为，数码照相是一种利用电子传感器把光学影像转化为电子数据的技术。

在数码相机的内部有一种叫作电子影像传感器的元器件，当光通过镜头进入相机时，电子传感器接受光信号，又把景物的反射光转换为数码信号，即电子数据，然后再进一步处理和存储这些数据，就成了图像。这时候的图像并不存储在胶卷上，而是存储在更小的储存卡上。当我们冲印照片时，只要带着储存卡就可以了。

现在我们多数人都喜欢用智能手机拍照，它也不用胶卷，因为它的成像原理和数码相机是一样的。

No!

全息摄像为什么具有"立体感"？

当我们观看普通照片时，看到的只是物体的一个"平面"，但全息摄像技术非常神奇，它不仅能显示出物体的平面效果，还能获得物体的实际形状、大小以及它在空间中的位置等立体相关元素，给我们带来非常完美的视觉体验。

全息摄像采用激光照射的方式，它能发射出两道激光，一道激光直接射向物体，另一道激光则记录物体的反射光所形成的图案，并把这两道光交会所产生的影像记录在底片上，等底片洗出来后，就会形成一个具有立体感的影像，使得人们能看到一个更加真实、立体的图像。

为什么显微镜能看到极其微小的事物？

过去没有显微镜，人们根本无法发现极其微小的细菌或是病毒等生物。有了显微镜，人们的视野得到扩展，进入了微观世界。

显微镜中共有两块凸透镜，一块靠近物体叫作物镜；另一块靠近眼睛，叫作目镜。当微小的物体进入物镜时，它会被第一次放大，随后这个被放大的物象又会进入目镜中，被第二次放大。第二次放大后的物体才会进入人的眼睛，而这个物体已经比原来放大了好多倍。这就是显微镜放大物体的原理。

现在的显微镜已经比过去更加发达和先进，电子显微镜越来越普遍，能够放大的倍数也越来越大，但它们的原理与从前是一样的。

为什么射电望远镜能看得那么远？

射电望远镜的外形好像一口大锅，它专门吸收宇宙间的各种天体发射出来的射电波。射电望远镜内部装有定向天线、能够放大涉电信号的高灵敏度的接收器以及信息处理和显示系统。当宇宙间的射电波被射电望远镜捕捉到时，它会立即对接受到的信号进行处理，并把天体的信息转化为我们能看得见的图像。

射电望远镜的接收天线特别长，所以它们擅长收集那些频率低、但是波长特别长的宇宙射电波。另外，宇宙空间很大，有些射电波可以畅通无阻地向外辐射，而有些就算受到天体的阻挡，也会被天体反射出去，所以，射电望远镜能接收到上百亿光年之外的信号也就不稀奇了。

为什么F1赛车又被叫作方程式赛车呢？

F1赛车的魅力在于它是世界上最昂贵、速度最快、科技含量最高的运动，吸引着全世界赛车爱好者的眼球。而小小的赛车身上则汇集了空气动力学、无线电通信、电气工程等世界上最先进的技术。

F1中的"F"来自英文单词"FORMULA"，它在数学上有"方程式"的意思。然而在赛车领域，它的意思是"规格"，也就是统一规格的赛车。1则代表着"顶尖车手"或是"顶级赛事""顶级奖金"等含义。

现在你明白了吧，"方程式赛车"是人们的一种误解，F1的正确理解应该是"最高规格的赛车"。不过，人们早已习惯这种叫法，也就将错就错了。

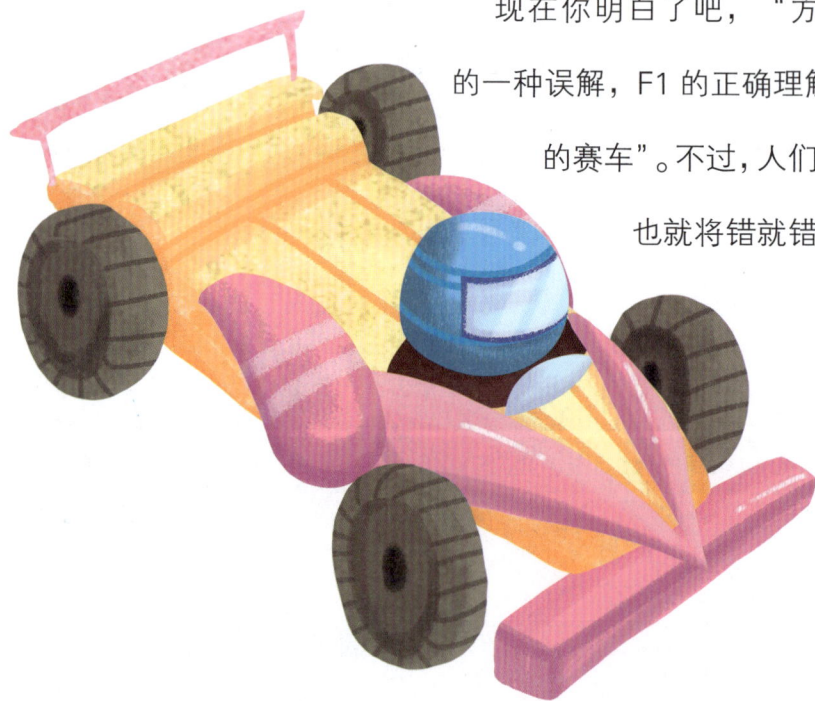

什么是超音速飞行?

要想回答这个问题,我们先得明白一个速度单位——音速。音速是指声音在空气的传播速度,为 340 米 / 秒,但是这个数值会随着高度的提升而提升。在海平面上音速约为 1224 千米 / 时;在航空上,通常用马赫(M)来表示音速,M=1 就代表着 1 倍音速;M=2 就代表着 2 倍音速。

当飞机或是战斗机以 1~5 马赫的速度飞行时,我们就把它叫作超音速飞行。当飞机以超音速的状态飞行时,会引发"音爆"现象,随之而来的就是一声巨响,好像打雷或是炸药爆炸了一样。这会震碎房屋的玻璃甚至是墙壁,所以,战斗机在低空飞行时,是不允许以超音速的状态飞行的。

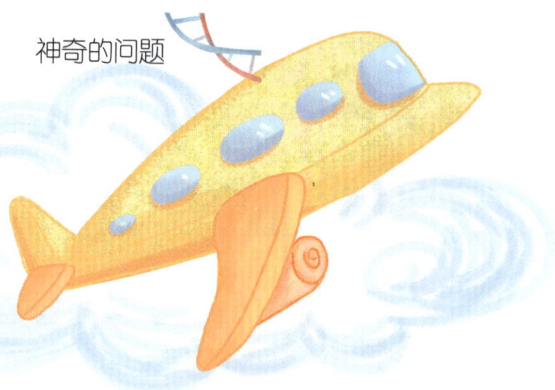

为什么飞机和船的窗户都是椭圆形的？

飞机和船上的窗户只是一块椭圆形的窗框，再镶上一块椭圆形的玻璃就可以了，看起来简单极了，但背后的道理可一点儿也不简单。

从前，人们也曾经在飞机上安装过长方形的窗子，但在飞行的过程中，人们发现，飞机要受到风的阻力及低空气流的挤压，为了克服这些缺点，飞机必须上升到更高的空中飞行。这时候，飞机需要更好的密封性，还得在内部加压，而长方形的四个尖角部位很容易被外层高压"挤碎"，不利于飞行安全，改成椭圆形后，飞机就安全多了。

轮船在海水里航行，也会受到海水的压力，玻璃被改成椭圆形后，压力减少，大大提高了行船的安全性。

为什么有些汽车能够实现"无人驾驶"？

虽然无人驾驶汽车有着汽车的外表和功能，但它非常智能，我们完全可以将它称为轮式移动机器人。

无人驾驶汽车行动的原理在于安装在车内强大的智能驾驶仪。智能驾驶仪把自动控制、人工智能、视觉计算等多种技术集合起来，具有强大的功能。具体来说，车载传感器负责感知和识别道路状况，接着计算机系统负责自动规划行车路线并控制车速和启动、制动等基本功能。当有障碍或是其他车辆出现时，自动驾驶仪会自动调节方向和速度，以保证车辆的安全行驶。

无人驾驶汽车安全高效，能减少车祸的发生，因此，美国、英国、法国及中国等多个国家都在大力发展无人驾驶技术。

为什么"黑科技"那么迷人？

黑科技，这个词似乎已经不那么陌生了。没错，黑科技就像魔法一样，根本没法用我们现有的科学知识去解释。但是随着科学及相关技术的发展，已经有越来越多的"黑科技"产品出现。

比如，科学家为了弥补失明或是失聪者的痛苦，为他们研制出了黑科技产品，分别是可以植入人耳的人工耳蜗，能植入人眼的微型相机，它们能帮助人们恢复部分"听觉"和"视觉"。

皮肤表面出现伤口，令人痛苦，若是内脏破裂，更是事关重大。但科学家已经发明出一种神奇的"胶水"，只要涂上它，破裂的内脏就能快速黏合——时间只需60秒；当伤口愈合后，这种胶水还能自动降解，完全省去了手术缝合的痛苦过程。

黑科技的例子简直数不胜数，你有没有被它"迷住"呢？

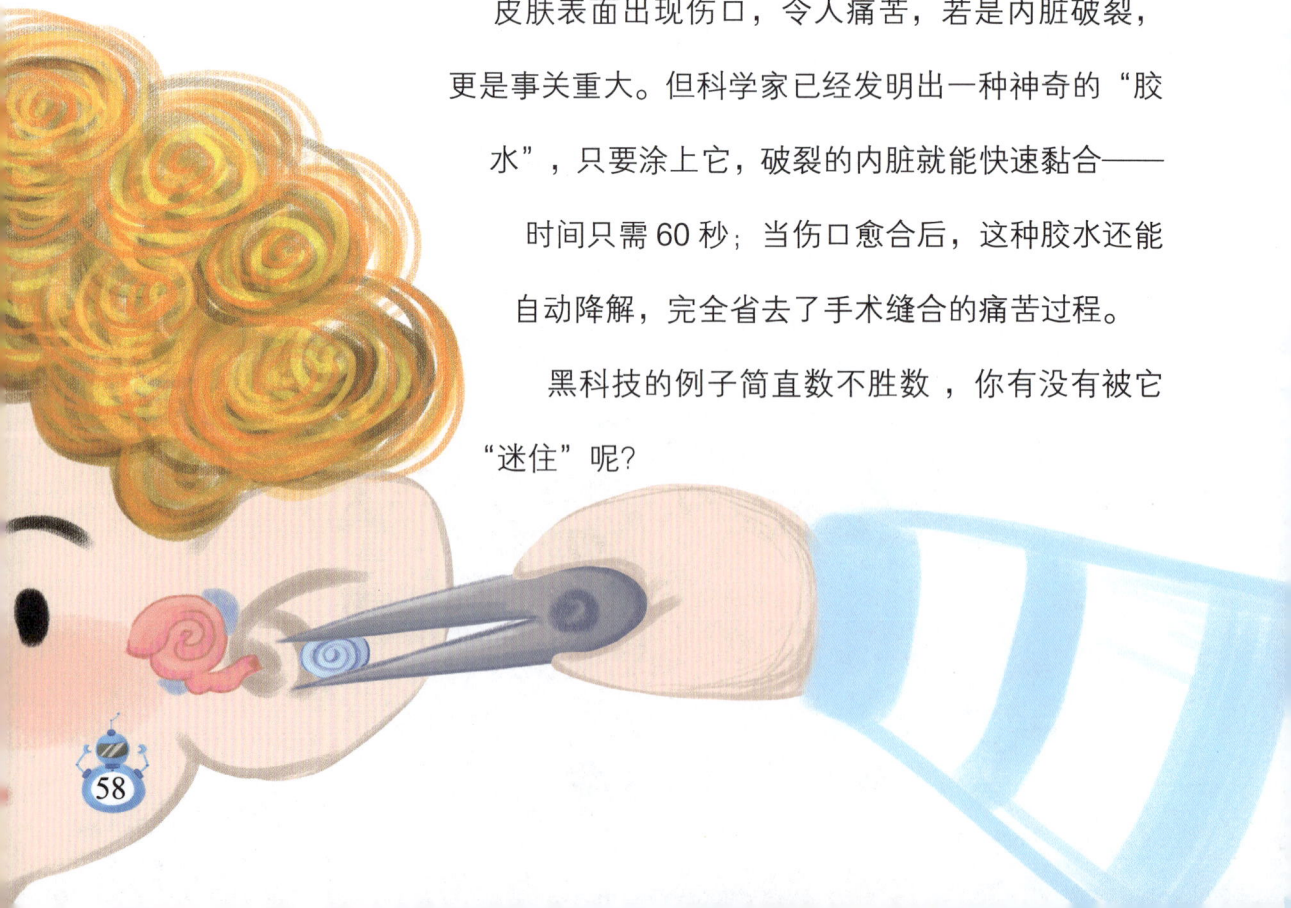

为什么孩子要学习编程？

过去，编程是大人们才能掌握的一种工作技能，听起来复杂极了。但现在，编程已经成了很多国家的小学生的热门课程，比如美国、英国、新加坡和日本等。

编程是用计算机语言编写程序的简称。利用编程可以解决一个问题，也可以设计一款游戏，功能非常多。

编程就如同写作一样，在编程的过程中，孩子要综合利用到他们所知道的知识，比如数学知识、计算知识、逻辑知识及设计方面的知识等。这种综合全面的思考方式，反过来又能促进孩子智商和动手能力的全面发展。

人类可以"种"出石油吗？

石油是不可再生的资源，它非常珍贵，而且越用越少，将来的某一天，地球上的石油就会被用光，那时候，我们该怎么办呢？

科学家早就想到这个问题了，他们提出了一种设想："能不能'种'植一些石油出来呢？"

还真的有能"产"石油的生物！它们就附着在常见的海藻上。有一种细菌，它们寄生在海藻身上，时间长了，就会分解生物体内的有机物质，使这种物质变成石油，并把这些石油埋在海底。据说，加拿大的科学家已经培养出这种细菌了，那么"种"出石油也就不远啦！

美国的科学家找到了一种能够出产石油的树，叫作"苦配巴"，只要在这种树上钻一个洞，就会有油状液体流出来，而它的成分跟柴油非常相似，注入卡车中，能让卡车开动起来。